IDAR-OBERSTEIN
1900 BIS 1945
EINE ILLUSTRIERTE STADTGESCHICHTE

Um 1900 herrschte regelmäßig ein buntes Treiben auf dem Obersteiner Marktplatz, der zu jener Zeit den Mittelpunkt der überaus ländlich geprägten Kleinstadt darstellte.

Manfred Rauscher und Axel Redmer

Die Reihe Archivbilder

IDAR-OBERSTEIN

1900 BIS 1945

EINE ILLUSTRIERTE STADTGESCHICHTE

BILDNACHWEIS

Alle in diesem Buch gezeigten Schriftdokumente und Zeitungsausschnitte sind den Beständen des Stadtarchivs Idar-Oberstein entnommen. Die Fotos stammen aus dem Stadtarchiv Idar-Oberstein, dem Deutschen Mineralienmuseum Idar-Oberstein, dem Landesmuseum Birkenfeld sowie den Privatsammlungen Helmut Becker, Helmut Bußmer, Edith Hahn, Ernst Heimfarth, Paul Hornemann, Axel Redmer, Roland Schmitz, Gerd Stein, Hermann Stieh, Arnold Thom und Wolf Dieter Unger.

Sutton Verlag GmbH
Arnstädter Straße 8
99096 Erfurt
www.suttonverlag.de

ISBN: 978-3-95400-193-4
Druck: Books on Demand GmbH, Norderstedt, Deutschland

In diesem Buch wird aus Gründen der besseren Lesbarkeit das generische Maskulinum verwendet. Weibliche und anderweitige Geschlechteridentitäten werden dabei ausdrücklich mitgemeint, soweit es für die Aussage erforderlich ist.

INHALTSVERZEICHNIS

Auch diese kurz nach 1900 am heutigen Alexanderplatz entstandene Aufnahme lässt kaum erahnen, dass das scheinbar so beschauliche Idar in jener Zeit eine der am schnellsten expandierenden Städte war.

VORWORT

Die Sachliteratur des oberen Naheraums hat sich in den vergangenen Jahrzehnten immer wieder zeitgeschichtlichen Themen gewidmet. Oft geschah dies in Aufsätzen und Essays, die einzelne Aspekte näher betrachteten, oder in ausführlichen Monografien, die ein größeres Feld ausleuchteten. Was fehlt, ist eine zusammenhängende Darstellung Idar-Obersteins über das gesamte 20. Jahrhundert hinweg. Mit dem vorliegenden Bildband wagen wir den ersten Versuch einer solchen Gesamtschau. Dabei setzen wir nicht auf ausführliche schriftliche Ausführungen, sondern haben uns bemüht, anhand zahlreicher Fotografien, Zeitungsausschnitte und anderer schriftlicher Dokumente, die Entwicklung Idar-Obersteins von 1900 bis 1945 zu illustrieren und zu erläutern.

Erleichtert wurde uns der Zugriff auf die Abbildungen in diesem Buch durch die umfassenden Bestände des Stadtarchivs Idar-Oberstein, das Fotoarchiv der Heimatfreunde Idar-Oberstein, das Landesmuseum Birkenfeld sowie private Leihgaben von Helmut Becker, Helmut Bußmer, Edith Hahn, Ernst Heimfarth, Paul Hornemann, Roland Schmitz, Gerd Stein, Hermann Stieh, Arnold Thom und Wolf Dieter Unger, der uns auch den Abdruck der Zeichnungen von Rudolf Wild-Idar ermöglichte. Allen Bildgebern danken wir herzlich für ihre bereitwillige Unterstützung. Bedanken möchten wir uns auch bei Wolfgang Kley, Hans-Peter Stähler und ihren Kollegen für die Hilfe bei der fotografischen Spurensuche im Deutschen Mineralienmuseum, Hisso von Selle für die Hilfe im Landesmuseum Birkenfeld sowie Sonja Redmer für das Korrekturlesen unserer Texte.

Soweit sich zu einzelnen Begebenheiten kein Bildmaterial finden ließ, haben wir auf schriftliche Urkunden zurückgegriffen.

Anders als in Großstädten gab es in Oberstein und Idar zu Beginn des 20. Jahrhunderts kaum ortsansässige Berufsfotografen. Deshalb wurden zu Jubiläen und anderen festlichen Anlässen häufig auswärtige Ateliers aufgesucht, wenn nicht zufällig Wanderfotografen auf der Durchreise für einige Wochen ihre Dienste in einer der beiden Nachbarstädte anboten. So kamen zwar zahlreiche Porträtaufnahmen zustande, aber Szenen aus dem Arbeits- und Wirtschaftsleben, von Sport- und Kulturveranstaltungen oder politischen Ereignissen wurden selten auf Platten projiziert.

Daran änderte sich auch nach dem Ersten Weltkrieg wenig. Aus angeblichen Sicherheitsgründen konfiszierte die französische Militärverwaltung alle Fotoapparate, derer sie habhaft werden konnte. Gleichwohl fanden Obersteiner und Idarer Bürger immer wieder Mittel und Wege und bannten einzelne Vorgänge in ihren Städten auf Zelluloid.

Nach vier Epochen gegliedert, soll erkennbar werden, welche Entwicklung Oberstein und Idar von 1900 bis 1945 zunächst als selbstständige Kommunen und ab 1933 als gemeinsame Stadt nahmen. Sichtbar wird der Weg von der schier grenzenlosen Technik- und Fortschrittsgläubigkeit am Ende der Kaiserzeit über die „Urkatastrophe des Jahrhunderts“, den Ersten Weltkrieg, und den misslungenen Demokratieversuch der Weimarer Republik bis zur Nazi-Diktatur, die in den Zweiten Weltkrieg und einen fabrikmäßig organisierten Völkermord führte. Der erste Band unseres auf zwei Teile angelegten Buchprojekts endet mit der bedingungslosen Kapitulation Deutschlands.

Einem zweiten Band bleibt die Darstellung des Neuanfangs nach 1945 vorbehalten: Dem vermeintlichen Wirtschaftswunder folgte die Stationierung von Bundeswehreinheiten und eine starke US-Militärpräsenz ohne den Rückfall in jenes Denken und Handeln, das zwei Weltkriege ermöglicht hat. Dokumentiert werden soll im Folgeband auch der Gesellschaftswandel der 1960er-Jahre, der keineswegs auf Universitäts- und Großstädte beschränkt blieb. Aber auch das Anwachsen Idar-Obersteins auf mehr als 40.000 Einwohner durch die Eingemeindung von neun Nachbarkommunen soll nachvollziehbar werden. Enden wird der geplante zweite Band mit der deutschen Einheit und den daraus resultierenden Konversionsprozessen, die bis heute nachwirken.

Seit den 1950er-Jahren erleben wir eine regelrechte Bilderflut, die seit der Einführung der heute üblichen Digitalfotografie nochmals deutlich angestiegen ist. Gleichwohl sind unsere öffentlichen Archive nach wie vor auf Zufallsfunde angewiesen, um alle historisch interessanten Geschehnisse bildlich belegen zu können. Es wäre daher für die weitere fotografische Spurensuche in Idar-Oberstein überaus hilfreich, wenn alte Bilder bei Haushaltsauflösungen und ähnlichen Anlässen nicht einfach verloren gingen, sondern einer dauerhaften öffentlichen Nutzung zugeführt werden könnten.

Bleibt zu hoffen, dass mancher Leser durch dieses Buch an historische Aufnahmen erinnert wird, die sich in seinem Besitz befinden, und mit den Autoren Kontakt aufnimmt, um seine fotografischen Dokumente der Allgemeinheit zugänglich zu machen.

Manfred Rauscher und Axel Redmer

1

KAISERZEIT UND TECHNISCHER AUFBRUCH

1900 BIS 1914

Nach der Reichsgründung vom 18. Januar 1871 entwickelte sich das Deutsche Reich bis zum Kriegsausbruch am 3. August 1914 zu einer politischen und wirtschaftlichen Großmacht. Davon profitierten auch die im oldenburgischen Fürstentum Birkenfeld gelegenen Städte Oberstein und Idar. Ihre schon lange vor der Reichsgründung entstandene Edelstein- und Schmuckwarenbranche erfuhr in diesen 43 Jahren trotz mancher Rückschläge einen stetigen Aufschwung und entwickelte sich zu einem Industrie- und Wirtschaftszweig von internationalem Rang.

Bereits vor der Jahrhundertwende hatten die beiden Nachbarstädte ungeachtet aller Rivalitäten mehrere Gemeinschaftsprojekte auf den Weg gebracht, die sich auf die wirtschaftliche und bildungspolitische Entwicklung positiv auszuwirken begannen. Beispielhaft hierfür war 1872 die Einrichtung der Realschule Oberstein-Idar, die 1909 zur Oberrealschule erweitert wurde und sich im Laufe der Zeit zu einem – heute noch bestehenden – Gymnasium entwickelte. Energie- und wirtschaftspolitisch bedeutsam waren der Bau des Oberstein-Idarer Gaswerks 1877/78, die Durchführung der Oberstein-Idarer Industrieausstellung 1879 und der Bau der Neuen Gewerbehalle 1896. Aber auch die Realisierung eigener kommunaler Projekte wie der Bau der Wasserleitungen in Idar 1894 und Oberstein 1900 trugen zur stetigen Aufwärtsentwicklung beider Kommunen bei.

Der scheinbar unaufhaltsame Aufstieg der Schwesterstädte setzte sich nach dem Eintritt in das 20. Jahrhundert fort. Es ist der Zeitpunkt, an dem der vorliegende Band seinen Anfang nimmt und in dem bemerkenswerte Ereignisse des öffentlichen Lebens bis zum Beginn des Ersten Weltkriegs anhand von Fotos und Dokumenten in Erinnerung gerufen werden. Beachtliche Projekte wie der gemeinsam von Idarer und Obersteiner Bürgern ermöglichte Bau eines Elektrizitätswerks mit Inbetriebnahme einer Straßenbahn, der Bau von Krankenhäusern und weiteren öffentlichen Gebäuden, die Ansiedlung von Kreditinstituten, die zunehmende Motorisierung und die zwei Flüge eines Luftschiffs über den beiden Nachbarstädten symbolisierten den Eintritt in ein neues Zeitalter. Die wirtschaftliche Prosperität verursachte allerdings auch Probleme und bewirkte nachhaltige gesellschaftliche Veränderungen. Durch die Entwicklung Obersteins zu einem industriellen Zentrum inmitten einer strukturschwachen Region bildete sich eine klassenbewusste Arbeiterschaft mit eng vernetzten Organisationen und Vereinen heraus. Ein schon seit längerer Zeit schwelender Streit mit den Metallarbeitgebern eskalierte und führte 1907 zu einem ungewöhnlich verbissen geführten viermonatigen Arbeitskampf, der allen Beteiligten erhebliche Opfer abverlangte.

Zudem gab es im kommunalen Bereich weitreichende Änderungen. Alte Verwaltungseinheiten lösten sich auf, neue formten sich. Aufgrund des Gesetzes für die Errichtung städtischer Bürgermeistereien vom 18. Dezember 1899 verließen 1902 Oberstein und 1909 Idar die aus 13 Gemeinden bestehende staatliche Bürgermeisterei Oberstein und erhielten den Status von Stadtbürgermeistereien. Die restlichen Gemeinden bildeten ab 1909 die Bürgermeisterei Idar-Land, allgemein Landbürgermeisterei Idar genannt. Im selben Jahr entstand durch den freiwilligen Zusammenschluss von Obertiefenbach und Hettstein die Gemeinde Tiefenstein, die ebenfalls zur Bürgermeisterei Idar-Land gehörte.

Nach ihrer Ernennung zu städtischen Bürgermeistereien wurden Oberstein und Idar bis Kriegsbeginn von Stadtbürgermeistern geführt. In Oberstein lenkte ab 1902 der aus Dessau stammende Jurist Eduard Teubner die Stadtgeschicke, ehe er 1912 wegen verschiedener Verfehlungen seinen Dienst quittieren musste. Zum Nachfolger bestimmte der Obersteiner Gemeinderat im Anschluss an eine kurze Interimszeit den Darmstädter Juristen Georg Weber, der im Januar 1913 seinen Dienst antrat, aber bereits 1915 ins thüringische Sondershausen wechselte. Der Idarer Gemeinderat wählte 1909 Hugo Schmidt aus Schleiden zum Stadtbürgermeister. Drei Jahre später endete das Dienstverhältnis des Kommunalbeamten wegen unüberbrückbarer Differenzen. Daraufhin trat im Februar 1913 für anderthalb Jahre der Jurist Dr. Ernst Salge aus Bielefeld Schmidts Nachfolge an.

Gesellschaftspolitisch war die Zeit von einem vielfältigen Vereinsleben geprägt. Turn- und Sportvereine, Radfahrervereine, Athletenclubs, Gesang-, Musik- und Unterhaltungsvereine erlebten ihre große Blüte. Charakteristisch für die weit ins Privatleben reichende Militarisierung der Gesellschaft war die große Anzahl von Kriegervereinen, die es in fast jedem der heutigen Idar-Obersteiner Stadtteile gab. Sogar ein Flottenverein bildete sich fernab aller Seehäfen. Regelmäßige Feierlichkeiten an den Geburtstagen des Kaisers, des Großherzogs und am Sedantag sowie der Bau des martialischen Bismarckturms in Idar festigten in der Bevölkerung die Bereitschaft, die Interessen der Monarchie jederzeit kriegerisch durchzusetzen.

Ein neues Jahrhundert wird vom Nahethal-Boten am 1. Januar 1900 begrüßt. Es war die Zeit, als sich das Deutsche Reich mit dem Kaiser an der Spitze zu einer politischen und wirtschaftlichen Weltmacht entwickelte. Es war die Zeit, als die Schmucksteinindustrie Idars und seiner Umgebung trotz mancher Konjunktureinbrüche eine absolute Spitzenstellung in der Welt einnahm und auch die Obersteiner Bijouterieindustrie internationales Ansehen genoss. Oberstein und Idar bildeten zusammen mit mehreren Gemeinden die Bürgermeisterei Oberstein, die von Bürgermeister Johann Heinrich Friedrich Stender geführt wurde.

Zum Jahrhundertwechsel.

Ein neu' Jahrhundert ist emporgestiegen
Am ew'gen Firmament, genannt die Zeit —
Zur Zukunft spannt es seine lichten Bogen
Heraus aus Trümmern der Vergangenheit —
Und forschend schaut die Menschheit nun entgegen
Dem strahlend aufgegangnen jungen Licht,
Vertrauend, daß es ihr nur reichsten Segen
In seinem hehren Rosenschein verspricht!

Der Hoffnung Banner lieben wir zu schwingen
Ja stets auf uns'rem rauhen Pilgerpfad —
In diesem Zeichen kämpfen wir und ringen
Im Daseinswogen immer früh wie spat —
So laßt uns fürder denn auch vorwärts schauen
Mit unerschüttert hoffnungsvollem Blick,
So wollen froh der Zukunft wir vertrauen,
Daß sie uns allen bringt ein neues Glück!

Wohlan, du neuer Zeitenraum, wir grüßen
Dich alle drum mit frischem Lebensmuth —
Mög uns in Deinem Lauf nur Heil ersprießen,
Und immer schirmen Gottes treue Hut —
O, wahre ferner auch den gold'nen Frieden
Dem vielgeliebten Deutschen Vaterland,
Damit ihm ferner Wohlfahrt sei beschieden
Vom Firn der Alpen bis zum nord'schen Strand!

B. Neuendorff.

In der dicht bewohnten Wilhelmstraße trainierten die Schwerathleten um 1900 problemlos in Höhe von Heines Garten auf der Straße, wie die Bilderfolge einer zeitgenössischen Postkarte veranschaulicht. Auch die Schrebergärten auf der Idar und die Bleichwiesen auf der Au verliehen Oberstein zu Beginn des 20. Jahrhunderts einen geradezu dörflichen Charakter.

Idarer Anzeiger

nebst 8seitiger Gratisbeilage: Wort u. Bild.

Amtliches Anzeigenblatt für die Stadt und den Bürgermeistereibezirk Idar.
Politisches Tageblatt zur Vertretung der Interessen des Fürstentums Birkenfeld.

Nr. 237. Idar, Samstag, den 8. Oktober 1904. 3. Jahrg.

Neueste Nachrichten.

Täglicher Anzeiger für das Fürstentum Birkenfeld und die angrenzenden Bezirke.

Oberstein-Idarer Tageblatt.

General-Anzeiger für's Nahetal.

Nr. 44. Donnerstag, den 21. Februar 1907. 20. Jahrgang.

Nahethal-Bote

Politisches Tageblatt und öffentlicher Anzeiger für den Oberstein-Idarer Industriebezirk

Nr. 131. 1908 Oberstein, Freitag den 5. Juni 44. Jahrgang.

Nr. 161. Idar, Donnerstag den 11. Juli 1912. 15. Jahrgang.

Idarer Zeitung.

Politisches Tageblatt und öffentlicher Anzeiger des Idar- und Nahetals, speziell für die Edelstein-Industrie
Publikationsorgan für amtliche Bekanntmachungen der Stadt und des Bürgermeisterei-Bezirks Idar.

Alles andere als dörflich zeigte sich dagegen die Presselandschaft in Oberstein und Idar. Wie die abgebildeten Zeitungsköpfe beweisen, existierte im Gegensatz zu heute nicht nur eine Tageszeitung, sondern eine Mischung aus mehreren Lokalblättern, die sich als Tendenzzeitungen verstanden und einzelnen Parteirichtungen verpflichtet fühlten. Immerhin gewährten sie in eingeschränktem Umfang den politischen Gegnern Raum für eigene Nachrichten.

Liste des Gründer-Consortiums
nebst gezeichneten Beträgen

	Namen	Wohnort	Gesammtbetheiligung	
1	Becker, Carl Rudolf	Idar	Mk 10000.–	= 6 2/3
2	Becker, Aug. Wwe.	„	„ 10000.–	= 6 2/3
3	Dahlem, Dr.	Oberstein	„ 17000.–	= 11 1/3
4	Gerlitz, Wilhelm	Idar	„ 20000	= 13 1/3
5	Hahn, Gustav	„	„ 22000.–	= 14 2/3
6	Hahn, Alexander	„	„ 12000.–	= 8
7	Hahn, Emma	Oberstein	„ 12000.–	= 8
8	v. Hammerstein, Loxten	Abentheuer	„ 22000.–	= 14 2/3
9	Huber, Albert	Lichterfelde	„ 5000.–	= 3 1/3
10	Jager, Michel	Idar	„ 11000.–	= 7 1/3
11	Loch, Alfred, Elaiss.	Oberstein	„ 10000.–	= 6 2/3
12	Neuhauser, Bernh. Wwe.	„	„ 5000	= 3 1/3
13	Neuhäuser, Emil	„	„ 20000.–	= 13 1/3
14	Neuhäuser, Elias A.	„	„ 10000	= 6 2/3
15	Neuhäuser, Samuel	Idar	„ 12000.–	= 8
16	Purper, Arthur	„	„ 5000.–	= 3 1/3
17	Purper, August	„	„ 52000.–	= 34 2/3
18	Purper, Victor	„	„ 22000.–	= 14 2/3
19	Purper, Wilhelm	„	„ 31000.–	= 20 2/3
20	Richter, Dr.	Oberstein	„ 5000.–	= 3 1/3
21	Roth, Pfarrer	„	„ 5000.–	= 3 1/3
22	Schleich, Ernst	„	„ 11000.–	= 7 1/3
23	Schleich, Emil	„	„ 10000.–	= 6 2/3
24	Scriba, Gustav	„	„ 2000.–	= 1 1/3
25	vorm. Schuckert & Co.	Köln a/Rh.	„ 24000.–	= 16
26	Veeck, August Wwe.	Idar	„ 15000.–	= 10
27	Veeck, Peter	„	„ 13000.–	= 8 2/3
28	Veeck, Jac. August	„	„ 5000.–	= 3 1/3
29	Veeck, Oskar	„	„ 5000.–	= 3 1/3
30	Vogt, Gustav	Oberstein	„ 17000.–	= 11 1/3
31	Weber, Wilhelm	„	„ 5000.–	= 3 1/3
32	Weber, Louis	„	„ 3000.–	= 2
33	Wild, Julius, Wwe.	Idar	„ 6000.–	= 4
34	Wild, Adolf	„	„ 6000.–	= 4
35	Heddäus, Dr.	„	„ 10000.–	= 6 2/3
			Mk. 450000.–	300

Um ein Elektrizitätswerk samt Straßenbahnbetrieb errichten zu können, gründeten am 7. November 1899 kapitalkräftige Bürger die „Oberstein Idarer Elektricitäts Aktien Gesellschaft“ (siehe rechts die Liste der 35 Gründer). Das unten in der Bauphase abgebildete Werk, im Volksmund heute noch „Eltwerk“ genannt, nahm am 18. Oktober 1900 seinen Betrieb auf.

Das Jahr 1900 war von energie- und verkehrspolitischen Weichenstellungen geprägt. Sechs Jahre nach Idar erhielt auch Oberstein eine Wasserleitung (links die Arbeiten in der Alten Gasse). Für die Durchführung der teilweise schwierigen Arbeiten warb die Stadtverwaltung ca. 30 „Gastarbeiter“ aus Italien an.

Dank der neuen Energieversorgung durch die Generatoren des Elektrizitätswerks konnte eine Straßenbahnverbindung vom Idarer Alexanderplatz bis zum Obersteiner Bahnhof eingerichtet werden. Die dafür erforderlichen Fahrzeuge wurden vor dem offiziellen Einsatz von Pferden durch die Obersteiner Hauptstraße (hier an Gilsbachs Eck) zum Eltwerk gezogen.

Auch Postillione mussten dem rasanten technischen Fortschritt Tribut zollen. Am 1. August 1911 legte eine mit Fahnen und Girlanden geschmückte Postkutsche auf ihrer letzten Fahrt zwischen Oberstein und dem Hunsrück in Idar eine kurze Rast ein, die der örtliche Fotograf für ein Erinnerungsfoto nutzte.

Die
Fahrrad-Handlung
von
Bender, Keller & Co.
Oberstein
empfiehlt nur die feinsten Marken, als
Victoria-Räder, Welt-Räder, Hercules-Räder, Boje-Räder und Weil-Räder
zu den billigsten Preisen.
Großes Musterlager bei
978] **Carl Schmidt,** Hauptstraße 59.

Für Radfahrer
empfehle und liefere **Luftschläuche** in jeder Größe von 4 Mk. an, **Mänteln** in jeder Größe von 7 Mk. an, **Oellaternen** von 1 Mk. an, **Acetylengaslaternen** von 4,50 Mk. an, ein einzelnes **Vorderrad** mit Pneumatik-Felgen von 9 Mk. an, ein einzelnes **Hinterrad** mit Pneumatik-Felgen von 11 Mk. an, **Rollenkette** von 3 Mk. an, **Blockkette** von 3 Mk. an, **Blockrollenkette** von 5 Mk. an,
Neuvernickeln eines Zweirades, ausschließlich Naben und Speichen, 16 Mk., **Neuemailliren eines einfachen Rahmens** 8 M., **Neuemailliren einer Vordergabel** 3 M.
Liefere ferner Ersatztheile für jedes Rad sowie Bedarfsartikel für Radfahrer.
Reparaturen schnell und billig. [919
Idar. **C. Christmann,** Blücherstr.

Adler-Fahrräder
zu beziehen durch den Vertreter
939] **Peter Drey.**

Immer öfter begegneten sich Pferdefuhrwerk und Automobil in der Obersteiner Hauptstraße. Besonderer Beliebtheit erfreuten sich jedoch Fahrräder, nachdem die sperrigen Hochräder von Niederrädern abgelöst worden waren. Um 1900 existierten nicht nur mehrere Radfahrvereine, die weit über die Region hinaus Siege einfuhren, sondern auch etliche Fahrradgeschäfte.

Die um 1900 abgelichtete Kallwiesweiherschleife ist die letzte erhaltene Achatschleife. Seinerzeit standen am Idarbach mehr als 50 Schleifmühlen, die allmählich gas- und strombetriebenen Schleifen wichen. Während alle anderen Schleifen stillgelegt wurden und zerfielen, stellt die mehrfach restaurierte Weiherschleife heute eine touristische Attraktion dar.

Blick ins Innere einer modernen Edelsteinschleiferei. Dank der Stromversorgung durch die OIE setzte die in der Austraße ansässige Firma F. E. Treibs kurz nach 1900 bei der Bearbeitung von Opalen leistungsfähigere Schleifgeräte als viele ihrer örtlichen Konkurrenten ein. Zugleich entstanden so etliche neue Arbeitsplätze.

Die 1886 aus Amsterdam eingeführte Diamantschleiferei ergänzte die Palette Edelstein verarbeitender Unternehmen und sicherte über Jahrzehnte hinweg Tausenden von Menschen die Existenzgrundlage. Anders als zum Zeitpunkt der Aufnahme von 1908 gehen heute nur noch wenige Idar-Obersteiner Unternehmen diesem Gewerbe nach.

Direkt am Naheufer siedelten sich seit der Mitte des 19. Jahrhunderts Fabriken an, die sich auf die Herstellung und Bearbeitung von Metallschmuck (unechtem Schmuck) spezialisiert hatten und außerdem Ketten, Karabinerhaken und Federringe produzierten. Mit ihren Schornsteinen prägten die nach 1900 Weltgeltung genießenden Betriebe das Bild der aufstrebenden Stadt.

Besucherkarte der in der Wasenstraße ansässigen Uhrketten- und Schmuckwarenfirma Gottlieb & Wagner, aus der 1899 Louis Gottlieb mit seinen Söhnen ausgeschieden war, um am Bahnhof eine eigene Firma aufzubauen. Mit einer eigenen Verkaufsorganisation war das Unternehmen in der Kaiserzeit wegweisend für die Obersteiner Metallindustrie.

Arbeiter Obersteins! Arbeiter Obersteins!

Auf zur Gewerbegerichtswahl!

Wir machen hierdurch bekannt, daß die

Wahl der Beisitzer zum Gewerbegericht

(für Arbeitnehmer)

Dienstag den 18. d. M., von nachmittags 4 bis abends 8 Uhr,

im Hügel'schen Lokale

stattfindet.

Stimmzettel für die vom Gewerkschaftskartell vorgeschlagenen Kandidaten sind zu haben bei allen bekannten Kollegen und **am Wahllokale.**

Jeder Wahlberechtigte muß unbedingt sein Wahlrecht ausüben!

Deßhalb auf zur Wahl!

'80] **Das Gewerkschaftskartell Oberstein.**

1906 erhielt Oberstein als erste Stadt im Großherzogtum Oldenburg auf freiwilliger Basis ein Gewerbegericht, das in Personalunion Bürgermeister Teubner als Jurist leitete. Wie bei den heutigen Arbeitsgerichten stellten Arbeitgeber und Arbeitnehmer gleichberechtigte Beisitzer. Arbeitsrechtliche Konflikte ließen sich fortan kostengünstiger regeln.

Rudolf Veeck, der Betreiber der Auschleife, empfing 1906 einen neuseeländischen Nephrit. Unverzichtbar blieben für die Edelsteinbranche jedoch Rohsteinlieferungen aus Brasilien. Seit der ersten Auswanderungswelle der 1820er-Jahre hatten sich enge Beziehungen zu dem rohstoffreichen südamerikanischen Land mit seinen Hunsrücker Kolonisten ergeben.

Im 19. Jahrhundert wanderten aus dem heutigen Stadtgebiet mehr als 1.200 Personen aus. Neben den Vereinigten Staaten und Brasilien (rechts die Anzeige aus dem Nahethal-Boten vom 17. Januar 1900) betrachtete manch Not leidende Familie sogar Algerien als verlockendes Ziel. Nach 1900 verringerte sich der Auswanderungsdruck. Bezogen auf die USA stieg er während der 1920er-Jahre wieder an. In Idar warb Carl Müller für die Ausreise über Antwerpen und in Oberstein suchte Philipp Puderbach für deutsche Schifffahrtslinien ausreisewillige Passagiere.

Bei meiner Abreise von hier nach Brasilien kann ich es nicht unterlassen, allen lieben Freunden, Kameraden und Bekannten noch ein herzliches

Lebewohl

zuzurufen. Da mir die Zeit zu kurz abgemessen war, konnte ich mich nicht von jedem Freund persönlich verabschieden; möge man mir dies nicht übel nehmen.

Gleichzeitig danke ich Jedem für die gastfreundliche Aufnahme, die mir in so reichlichem Maße zu Theil wurde, hauptsächlich in Nahbollenbach. Ein nochmaliges **Lebewohl** und fort braust der Zug in die Ferne, mein schönes Nahbollenbach, meiner Kindheit Heimstätte, mit allen den lieben Freunden, Kameraden und Bekannten zurücklassend, die ich nimmer vergessen werde.

Lebt wohl, lebt wohl!

Euer Freund und Kamerad

232] **Heinrich Hermany.**

Nr. 112.

Gesetz für das Fürstentum Birkenfeld, betreffend Aufhebung des Gewerberats und der Abgabe von den Steinversteigerungen.

Oldenburg, den 15. März 1913.

Wir Friedrich August, von Gottes Gnaden Großherzog von Oldenburg, Erbe zu Norwegen Herzog von Schleswig, Holstein, Stormarn, der Dithmarschen und Oldenburg, Fürst von Lübeck und Birkenfeld, Herr von Jever und Kniphausen rc. rc.,

verkünden mit Zustimmung des Landtags als Gesetz für das Fürstentum Birkenfeld, was folgt:

§ 1.

Die Gesetze für das Fürstentum Birkenfeld:

1) betreffend das Oberstein-Idarer Fabrikwesen vom 22. Dezember 1875,

2) betreffend die Erhebung einer Abgabe von dem Erlöse aus den Versteigerungen von Steinen für die Obersteiner Fabrik vom 18. April 1856,

werden aufgehoben.

§ 2.

Das gesamte Vermögen des nach § 1 aufgehobenen Gewerberats für das Oberstein-Idarer Fabrikwesen geht mit allen Rechten und Verbindlichkeiten auf die durch Gesetz vom heutigen Tage neugegründete Handelskammer für das Fürstentum Birkenfeld über.

§ 3.

Das nach § 2 an die Handelskammer gelangende Vermögen ist, abgesehen von der Gewerbehalle und ihrem Zubehör, zu einem Fonds zu vereinigen, dessen Aufkünfte zur Hebung und Förderung des Oberstein-Idarer Gewerbes und insbesondere zur Unterhaltung der Gewerbehalle in Idar zu dienen haben.

Eine andere Verwendung des Fonds sowie seine Aufhebung unterliegen der Genehmigung der Regierung, ebenso Änderungen der bisherigen Benutzung der Gewerbehalle.

§ 4.

Dies Gesetz tritt zugleich mit dem Handelskammergesetz in Kraft.

Urkundlich Unserer eigenhändigen Namensunterschrift und beigedruckten Großherzoglichen Insiegels.

Gegeben Oldenburg, den 15. März 1913.

Im Auftrage des Großherzogs.
Das Staatsministerium.
(Siegel.) Ruhstrat. Scheer.

Dr. Hillmer.

1913 wurde der Gewerberat für das Oberstein-Idarer Fabrikwesen von der Handelskammer für das Fürstentum Birkenfeld abgelöst (links). Immer mehr Banken entdeckten Oberstein und Idar als lohnende Geschäftsorte. Die in Straßburg ansässige Allgemeine Elsässische Bankgesellschaft unterhielt Filialen in Oberstein und Idar, dazu kamen die Reichsbanknebenstelle Oberstein und die 1904 gegründete Volksbank (oben links deren erstes Domizil in der Wasenstraße). Zudem unterhielt die Creditbank & Sparkasse St. Johann an der Saar bei Louis Becker jr. eine Annahmestelle für Oberstein, Idar und Umgegend.

In öffentlicher Feier bei welcher der Schöffe Ernst Wild eine Ansprache hielt, wurde heute den 27ten August 1900 dieser Grundstein gelegt unter der Regierung Sr. Königlichen Hoheit des Großherzogs „Friedrich August" welcher nach dem unerwarteten Tode seines Vaters Sr. Königlichen Hoheit des Großherzogs „Nikolaus Friedrich Peter" am 15ten Juni 1900 den Thron bestieg.

Das Krankenhaus soll nach seiner Fertigstellung der Krankenpflege ohne confessionellen Unterschied dienen. Die Bausumme beträgt ungefähr 100000 Mark. Ein Teil derselben ist der Gemeinde als Geschenk überwiesen von einzelnen Familien, so namentlich von der Familie „Rudolf Hahn, August Veeck, Hermann Dörr und Fräul. Mina Hahn von hier. Die größere Summe wird durch eine 4% Anleihe mit 1% Amortisation bei 40jähriger Rückzahlung, bei der Sparkasse zu Birkenfeld beschafft.

Der Plan des Krankenhauses ist von dem Architekten H. Weszkalnys aus Saarbrücken entworfen; die Ausführung ist dem Bauunternehmer Michel Jager von Idar übertragen.

Große Fortschritte machte das öffentliche Gesundheitswesen der beiden Nachbarstädte. 1900 begann zunächst Idar am nördlichen Stadtrand mit dem Bau eines Krankenhauses. Der Auszug aus der Gründungsurkunde belegt den kommunalen Status der Einrichtung.

Fünf Jahre später löste das Obersteiner Krankenhaus auf dem Treibelsberg einen kleineren Bau in der Wilhelmstraße ab. Konzeption und Planung beider Krankenhäuser hatte der Saarbrücker Architekt Hans Weszkalny übernommen.

Chorgesang prägte das kulturelle Leben. 1903 feierte der Grubsche Männer-Gesang-Verein, der erfolgreich an überregionalen Sängerwettstreiten teilnahm, sein 60. Jubiläum. Drei Jahre später ließen sich die Aktiven auf einer Fotomontage verewigen.

Turnen war im Kaiserreich die privilegierte Sportart. Regelmäßig fanden große Turnfeste – wie 1901 in Idar – statt.

Ferdinand Loch, herausragender Obersteiner Schwerathlet, trat ab 1903 in den USA als „stärkster Mann der Welt“ auf.

Erst nach der Jahrhundertwende gelang dem 1874 in Deutschland eingeführten Fußball der Durchbruch zum Massensport. Ab 1906 bildeten sich in Oberstein und Idar eine Handvoll Vereine, die sich dem „Proletensport" verschrieben, der das im 19. Jahrhundert dominierende Turnen zurückdrängte. Da die Fußballer noch nicht über eigene Anlagen verfügten, mussten sie ihre Tore ständig zu wechselnden Plätzen karren, um trainieren oder Spiele austragen zu können. Einer der Übungsplätze befand sich auf der Idarer Dietzenwiese (siehe oben).

Anfang des 20. Jahrhunderts war das Kammerwoog das beliebteste Badegebiet. Hier befand sich ein Männer- und Frauenbad mit Umkleidehäuschen. Der rührige Badeverein beseitigte regelmäßig die winterlichen Hochwasserschäden, besserte Wege aus und errichtete zu Beginn der Badesaison eine Holzbrücke, sodass beide Seiten des Naheufers genutzt werden konnten.

Kriegervereine waren eine wesentliche Stütze der militarisierten Gesellschaft. 1873 in Oberstein und 1874 in Idar als gesellige Vereinigungen ehemaliger Soldaten gegründet, entwickelten sie sich zum Bollwerk gegen die Arbeiterbewegung. In Oberstein zählten die Pfarrer Lueg und Roth sowie der spätere Göttenbach-Schulleiter Prof. Sturm zu den Wortführern der deutschnationalen Organisation, die „immer und immer wieder“ an die 1870 gewonnene Schlacht bei Sedan erinnerte (siehe den Protokollauszug des Obersteiner Kriegervereins vom 11. Dezember 1905).

Idar war Zentrum des Bismarckkults, mit dem das verunsicherte Bürgertum seine Sehnsucht nach Geborgenheit ausdrückte. Der auf Initiative der Kasinogesellschaft und des Kaufmanns Theodor Veeck auf dem Wartehübel errichtete Bismarckturm wurde unter großer öffentlicher Anteilnahme am 1. September 1907 eingeweiht. Ausführender Architekt des Entwurfs „Götterdämmerung" von Wilhelm Kreis war Hans Weszkalny, der Architekt imposanter Bürgerhäuser in Idar und Oberstein.

Kennzeichen des Bismarckturms ist die Flammenschale auf der Plattform, in der nicht nur am Geburtstag des Reichsgründers weithin sichtbare Feuer entfacht wurden, sondern im wahrsten Sinne des Wortes dem „Erbfeind Frankreich heimgeleuchtet" werden sollte, wie einen Tag vor der Saarabstimmung vom 13. Januar 1935, bei der über die künftige Zuordnung des vom Völkerbund verwalteten Saargebiets entschieden wurde. Zwei Jahre zuvor waren während der NS-Bücherverbrennung am Bismarckturm Bücher den Flammen zum Opfer gefallen.

Solidarisches Leben umfasste für die Angehörigen der aufstrebenden Arbeiterbewegung nicht nur das Engagement in politischen, gewerkschaftlichen und genossenschaftlichen Gremien, sondern schloss ganz selbstverständlich gemeinsame Freizeitunternehmungen wie Maifeiern, Sommerfeste, Agitationswanderungen oder Konzerte der Arbeitergesangvereine ein.

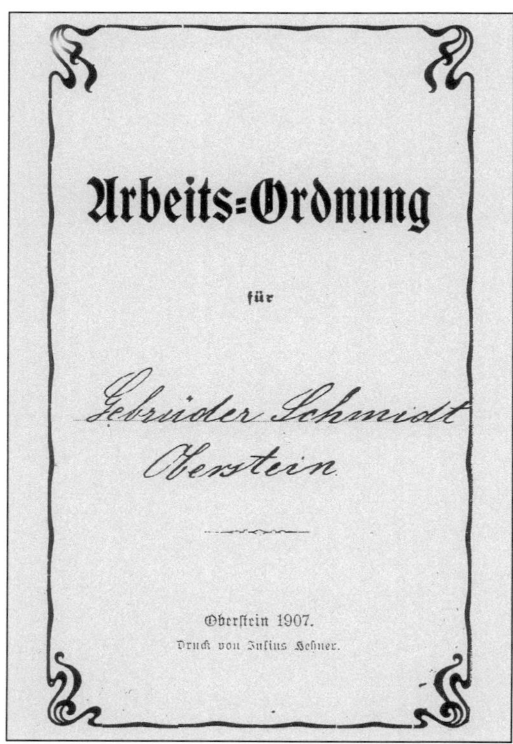

Arbeits-Ordnung

für

Gebrüder Schmidt Oberstein

Oberstein 1907.

Druck von Julius Hehner.

Die gesetzeswidrige Arbeitsordnung des Arbeitgeberverbands und das besonders schroffe Verhalten der Inhaber der Firma Gebr. Schmidt lösten 1907 in der Metallindustrie einen viereinhalb Monate dauernden Arbeitskampf aus. Um das Nachrichtenmonopol der liberal-konservativen Lokalpresse durchbrechen zu können, nutzten die Arbeiter in diesem härtesten Arbeitskampf, der jemals an der oberen Nahe stattfand, die sozialdemokratische Saarwacht und informierten regelmäßig durch Flugblätter.

Verkaufslokal, Warenlager, Verwaltungsräume und Wohnungen beherbergte der repräsentative Zweckbau, den der Obersteiner Konsumverein 1913 in der Wilhelmstraße einweihte und schon zu zwei Dritteln vorfinanziert hatte. In jenem Jahr zählte der Verein 1.317 Mitglieder und erzielte einen Warenumsatz von ca. 400.000 Mark.

Um die Jahrhundertwende schuf sich die Arbeiterbewegung ein Bündel eigener Organisationen. Den Anfang machte 1893 der „Volksverein für Oberstein und Umgegend", den 1903 ein SPD-Ortsverein in Idar ergänzte. Dazu kamen Konsumvereine, ein Krankenunterstützungsverein, die Obersteiner Baugenossenschaft, Sterbekassen, Ortsgruppen der Buchdrucker, Metallarbeiter und Maurer, Ortskrankenkassen, Arbeitergesangvereine (rechts die Anzeige aus dem Nahethal-Boten vom 25. April 1914), „Die Naturfreunde" und eine unentgeltliche Beratungsstelle der Gewerkschaften.

Arbeiter-Gesangverein „Vorwärts", Oberstein,

Mitglied des Deutschen Arbeiter-Sängerbundes,
Dirigent: Herr Musiklehrer F. Heinrich, Mainz.

Sonntag den 26. April 1914, abends 8½ Uhr, in der Turnhalle:

• Konzert •

unter Mitwirkung seines **Damen- und Gemischten Chores.**

Programm.

I. Teil:

1. Männer-Chor: **Tord Foleson** . . . G. A. Uthmann.
2. Frauen-Chor: a) **Heiden-Röslein** . . G. Werner.
   b) **Spinnlied** . . . Th. Fischer.
   c) **Des Mädchens Klage** . Th. Fischer.
3. Gemischter Chor: **Wenn sich zwei Herzen scheiden** . . . . . W. Sauer.
4. Männer-Chor: **Ich warte dein** . . G. A. Uthmann.

— Pause. —

II. Teil:

5 Frauen-Chor: **Proletariers Wiegenlied** . G. A. Uthmann.
6. Männer-Chor: **Der Deserteur** . . . Joseph Werth.
7. Gemischter Chor: a) **Abendglöckchen** . J. Koch.
   b) **Sandmännchen** . J. Koch.
8 Frauen-Chor: **Es ist die Lieb'** . . A. Jäckel.
9. Männer-Chor: a) **Gretel vom See** . . Kühnhold.
   b) **Hüte dich** . . . Girschner.

Eintrittspreis 50 Pfg. Passive Mitglieder nebst 1 Dame frei.
Zu zahlreichem Besuche ladet höflichst ein
.345) **Der Vorstand.**

Nr. 83.

Verordnung, betreffend die Errichtung der Bürgermeisterei Oberstein.
Oldenburg, den 11. April 1902.

Wir Friedrich August, von Gottes Gnaden Großherzog von Oldenburg, Erbe zu Norwegen, Herzog von Schleswig, Holstein, Stormarn, der Dithmarschen und Oldenburg, Fürst von Lübeck und Birkenfeld, Herr von Jever und Kniphausen 2c. 2c.,

verordnen auf Grund des Artikels 1 des Gesetzes für das Fürstenthum Birkenfeld, betreffend die Errichtung städtischer Bürgermeistereien, vom 18. December 1899, was folgt:

Artikel 1.

Auf Grund eines am 9. September 1901 genehmigten Ortsstatuts für die Stadtgemeinde Oberstein, betreffend die Errichtung einer städtischen Bürgermeisterei, wird aus der Stadtgemeinde Oberstein eine Bürgermeisterei gebildet.

Artikel 2.

Diese Verordnung tritt am 1. August d. J. in Kraft, der Standesamtsbezirk der bisherigen Bürgermeisterei Oberstein bleibt jedoch bis zum 31. December d J unverändert.

Kommunalreform im Fürstentum Birkenfeld: Oberstein schied aus der staatlichen Bürgermeisterei Oberstein aus und erhielt 1902 den Status einer städtischen Bürgermeisterei. Daraufhin entstand die staatliche Bürgermeisterei Idar mit der Stadt Idar als Verwaltungsmittelpunkt. 1909 erlangte auch Idar den Rang einer städtischen Bürgermeisterei. Die verbliebenen Gemeinden bildeten nun die Bürgermeisterei Idar-Land.

Im selben Jahr schlossen sich die Gemeinden Obertiefenbach und Hettstein zur neuen Kommune Tiefenstein zusammen; ein Ereignis, das die Bürgerinnen und Bürger ausgelassen in den Wirtshäusern der neuen Doppelgemeinde feierten, wie die Lokalpresse berichtete.

Einmalige Aktion im Obersteiner Gemeinderat: Am 14. Januar 1908 legten aus Protest gegen die Haushaltsauflagen der Birkenfelder Regierung zur Lehrerbesoldung alle 1904 gewählten Mitglieder (rechts der Nahethal-Bote vom 11. Oktober 1904) ihr Mandat nieder. Drei Monate danach kam es zur Neuwahl, bei der überraschenderweise elf der zurückgetretenen Gemeinderäte wieder ein Mandat erhielten. Da der Regierungspräsident bei seiner Haltung blieb, endete der kommunale Konflikt wie das Hornberger Schießen.

* **Oberstein**, 11. Okt. (**Die Gemeinderatswahl**) ist seit 12.02 Uhr diese Nacht beendet. Die Würfel sind gefallen; es sind 15 Kandidaten und 1 Beisitzer gewählt worden. Im großen und ganzen ist der im neuen Jahre in Tätigkeit tretende Gemeinderat aus Männern zusammengesetzt, denen man das Vertrauen schenken kann, daß sie in ernster Arbeit für das Wohl der Stadt bemüht sein werden Wir lassen hier die bereits diese Nacht durch Extrablatt bekanntgegebene Liste der gewählten Kandidaten folgen und die Namen derjenigen, die über 100 Stimmen haben:

August Beck (als Beisitzer) 748 Stimmen.

1.	Karl Leyser, Gerber	606	Stimmen.
2.	Rudolf Hahn, Klempner	569	"
3.	Friedrich Mathias alt, Fabrikant	450	"
4.	Louis Keller, Fabrikant	408	"
5.	Karl Ludwig Schmidt, Fabrikant	411	"
6.	Max Stern, Kaufmann	405	"
7.	Jakob Köhler, Goldschmied	381	"
8.	Emil Cullmann, Kaufmann	376	"
9.	Otto Loch, Goldschmied	370	"
10.	August Grub, Kaufmann	361	"
11.	Julius Gottlieb, Kaufmann	344	"
12.	Karl Keller, Chr. Sohn, Fabrikant	353	"
13.	Philipp Heidrich, Goldschmied	351	"
14.	Alfred Heine, Gastwirt	334	"
15.	Heinrich Wernig, Lehrer	333	"

Zum Beisitzer der Gemeinde Oberstein ist der frühere Sekretär des Gewerkschaftskartells der Metallarbeiter jetzige Kaufmann Faber zu Oberstein gewählt. Die Regierung beabsichtigt die Wahl nicht zu bestätigen, weil Faber ein führendes Mitglied der sozialdemokratischen Partei agitatorisch in hervorragendem Masse tätig ist und weil auf ihn der Streik im Jahre 1908, der für die Arbeiter unglücklich ablief, zurückzuführen ist.

Es würde der Regierung von grossem Wert sein, wenn sie den Wortlaut der vom Grossherzoglichen Ministerium in gleicher Angelegenheit ergangenen Verfügung an Paul Hug erfahren könnte. Grossherzogliches Ministerium darf deshalb um eine Abschrift gebeten werden.

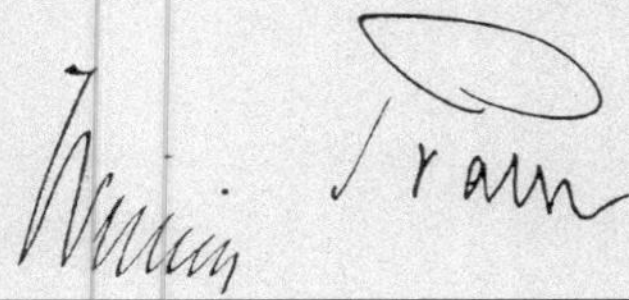

1907 hatte Hermann Faber auf Gewerkschaftsseite den viereinhalbmonatigen Arbeitskampf geleitet, dies holte ihn 1911 ein. Wegen des Streiks verwehrte Regierungspräsident Pralle Faber die Wahl zum Obersteiner Beisitzer (links Auszug aus Pralles Schreiben vom 2. September 1911, in dem fälschlich 1908 als Streikjahr genannt wird). Die Nachwahl gewann Carl Wagner jr., einer von Fabers Streikgegnern. Seine Beteiligung an den Aussperrungen des Jahres 1907 war für die Birkenfelder Regierung kein Amtshindernis.

Während der Spielzeit 1907/08 leistete sich in der Layenstraße der kulturbeflissene Wirt Karl Hahn ein eigenes Ensemble für sein ambitioniertes Thalia-Theater.

Thalia-Theater Idar
Besitzer: KARL HAHN.

Sonntag, den 22. März 1908, abends 8¼ Uhr

Spannendes Schauspiel! Herrliche Musik!

Nur zweimalige Aufführung.

Berlin
wie es weint u. lacht

Personen:

Carl Hahn.

Kassenöffnung 7 Uhr. Anfang 8¼ Uhr

Preise der Plätze:

In Vorbereitung: Kean, Der Dieb, Die Blinde von Paris usw.

Prominentester Darsteller war Ret Marut, der in „Berlin, wie es weint und lacht“ die Hauptrolle spielte und später als B. Traven ein weltberühmter Autor wurde.

Seit 1907 verfügt die 1869 gegründete Freimaurerloge „Zum Felsentempel“ in der Obersteiner Hauptstraße neben der heutigen Post über ein eigenes Domizil.

In der Wasenstraße eröffnete 1910 Emil Steffen II. Obersteins erstes Kino, in dem u. a. Roman Ofenstein (hier im Bild) die Stummfilme musikalisch begleitete.

Friedrich von Schiller galt als „der“ deutsche Nationaldichter. Anlässlich seines 100. Todestags würdigten ihn die Obersteiner Handwerker 1905 mit einem Kulturabend. Drei Jahre später erforderten steigende Schülerzahlen den Bau einer dritten evangelischen Volksschule. In die Bauphase fielen die Feiern zum 150. Geburtstag des Dichters. Was lag da näher, als das 1912 fertiggestellte Schulhaus nach dem Weimarer Klassiker zu benennen?

Neben dem Hotel zur Post befand sich in der Obersteiner Hauptstraße das Kaiserliche Postamt. Der technische Fortschritt erforderte mit der Abkehr vom Postkutschenbetrieb und dem Aufbau neuer Kommunikationssysteme wie dem Telefon ein zeitgemäßeres Dienstgebäude. Auf der gegenüberliegenden Straßenseite wurde daraufhin ein modernes Postamt errichtet, das am 3. März 1912 eingeweiht wurde und fünf Jahrzehnte lang sämtliche Postdienstleistungen anbot, ehe am Hommelplatz das noch heute genutzte Postamt entstand.

Zwei Ereignisse, die den technischen Fortschritt belegen: Am 17. Juli 1912 sorgte der Flug des Zeppelins „LZ Viktoria Luise“ von Frankfurt/Main nach Idar für Furore. Obwohl die von Mitgliedern der Idarer Kasino-Gesellschaft organisierte Reise (hier eine Aufnahme von der Hohl aus) 300 Mark pro Person kostete, musste sie wegen der starken Nachfrage wiederholt werden. Im Sommer 1913 wurde die Autobusstrecke Bernkastel–Oberstein eröffnet. Auf dem Idarer Marktplatz durften die Linienfahrzeuge in Augenschein genommen werden.

Franz Reischauers 1913 in der Hauptstraße unweit von Gilsbachs Eck eröffnete Scheideanstalt verbesserte die Versorgung heimischer Goldschmiede und Schmuckfabriken mit Edelmetallen. Lang anhaltende Expansionen führten in den Folgejahren zu zwei Standortverlagerungen. Heute befindet sich die Reischauer GmbH neben dem Stadttheater.

Auf der Kölner Werkbundausstellung sorgten 22 Oberstein-Idarer Aussteller 1914 (hier eine von sechs Vitrinen) für Furore. Sogar die Deutsche Zentralstelle für die geplante Weltausstellung in San Francisco interessierte sich für ihre Werke. Vor Ort sah das die Handelskammer unter Ernst Falz ganz anders und geißelte die Beteiligung heimischer Firmen.

Birkenfeld 29. April 1914

Fest-Nummer der

Birkenfelder Landeszeitung.

Zur Ankunft Sr. Königl. Hoheit des Großherzogs im Fürstentum Birkenfeld am 29. April 1914.

Unserm Großherzog zum Gruß!

Aus Deiner fernen [illegible],
Wo stolze Rosse stampfen auf den Weiden
Und kühne Männer zieh'n auf's Meer hinaus,
Kommst Du zu uns, o vielgeliebter Fürst!

Es schlagen Dir die Herzen warm entgegen
Wo Du im Land erscheinest, edler Fürst,
Auch wir im Süden lernten längst Dich lieben,
Geloben Dir auf's neue Lieb' und Treu'.

Es rauschet [illegible] der dunkle Forst,
Wie einst den Vätern, Dir von neuem Heil.
Des Frühlings Blumen windet man zum Kranz,
Ihr Städte, zeigt eurer Bürger Kunst!

Willkommen hier, willkommen unser Fürst,
Im Nahegaue wirst Du auch geliebt,
Es schenke Dir der Himmel langes Leben,
Daß froh wir feiern Deine Wiederkehr.

Drei Monate vor Beginn des Ersten Weltkriegs besuchte Oldenburgs Großherzog Friedrich August samt Gefolge das Fürstentum Birkenfeld und ließ sich begeistert feiern. Mit einer Sonderausgabe begleitete die Birkenfelder Landeszeitung das Ereignis. Auf dem Obersteiner Marktplatz und an der neuen Idarer Gewerbehalle (siehe oben) machten lokale Honoratioren dem Monarchen ihre Aufwartung. Die Häuser entlang der Fahrstrecke des großherzoglichen Trosses waren mit Fahnen und Girlanden geschmückt. Noch dachte niemand daran, dass dies der Abschiedsbesuch Friedrich Augusts sein sollte.

2

DER ERSTE WELTKRIEG

1914 BIS 1918

Unfähig zu einem umsichtigen und friedenserhaltenden Krisenmanagement, gerieten den europäischen Regierungen im Sommer 1914 die Folgen des Attentats auf den österreichischen Thronfolger Franz Ferdinand in Sarajewo außer Kontrolle. Immer wieder waren am Sedantag und bei zahllosen anderen Gelegenheiten in Kriegervereinen und Schulen die vermeintlich ruhmreichen Schlachten von 1870 nachgestellt worden. Wie aber ein „moderner" Krieg im 20. Jahrhundert ablaufen werde, davon hatten die wenigsten Menschen eine realistische Vorstellung. So stolperte Deutschland in eine infernalische Auseinandersetzung, bei der Kaiser Wilhelm II. von einem auf den anderen Tag keine Parteien mehr, sondern nur noch Deutsche kannte. Über Nacht schienen alle Klassengegensätze aufgehoben zu sein, und selbst die Sozialdemokraten stimmten in der irrtümlichen Annahme, Deutschland befinde sich in einer Verteidigungssituation, ein Jahr nach dem Tod ihres Übervaters August Bebel, den Kriegskrediten zu. Einträchtig wirkten in Oberstein und Idar Arbeitgeber und Arbeiter in Arbeitsbeschaffungsgremien und bei der Reglementierung der Lebensmittelversorgung in eiligst einberufenen Ausschüssen zusammen.

In der Erwartung, bis Weihnachten sei der Krieg vorbei und die Soldaten wieder zu Hause, kannte die Kriegseuphorie keine Grenzen. Schon die bloße Ankündigung der Mobilmachung versetzte die Bevölkerung in Begeisterung. Als bekannt wurde, dass „Deutschland jede Vermittlung", die einen Krieg hätte verhindern können, ablehnte, zog der Idarer Männergesangverein in „einem spontanen Ausbruch der Begeisterung" zum Marktplatz und sang die „Wacht am Rhein".

Der Göttenbach-Schüler Günther Ries erkannte: „Aller, ohne Unterschied des Alters und des religiösen oder politischen Bekenntnisses, hatte sich eine überschwengliche Siegeszuversicht bemächtigt." Bis „der Krieg 'rum ist", wollte der Obersteiner Pfarrer Adolf Neubach allen Ernstes seine Konfirmanden vom Unterricht befreien. Uniformiert absolvierten im August die ersten Oberrealschüler der Göttenbach ein Notabitur, um danach sofort in den Krieg ziehen zu dürfen.

Lange hielt dieser kollektive Rausch nicht an. Trotz Zensur nahmen ab 1915 die Negativnachrichten von der Front zu. Die Lokalpresse stellte den Abdruck der offiziellen Todeslisten, die immer länger wurden, ein. Doch die Traueranzeigen der Angehörigen ließen sich nicht unterdrücken. Um den Stimmungsumschwung in der Bevölkerung nicht zu verstärken, verzichtete der Obersteiner Kriegerverein bei den Beerdigungen seiner gefallenen Mitglieder auf offizielle Abordnungen.

Arbeiter, die nicht kriegstauglich waren und in Oberstein oder Idar keine Tätigkeit mehr fanden, wurden in auswärtige Rüstungsbetriebe vermittelt. Frauen übernahmen für die Dauer des Kriegseinsatzes ihrer Männer deren Arbeit – zu Hause und in der Fabrik.

Militärkonzerte und andere Unterhaltungsveranstaltungen sollten der sich zunehmend eintrübenden Stimmung in der Bevölkerung entgegenwirken. Aber auch sie konnten nicht vom Lebensmittel- und Rohstoffmangel ablenken. Immer mehr Lebensbereiche wurden reglementiert. Schienen die alten Klassengegensätze 1914 vorübergehend aufgehoben zu sein, ergaben sich nun neue gesellschaftliche Konfliktlinien zwischen Kriegsgewinnlern und -verlierern. Wer genügend Geld besaß, suchte in der Schmuckbranche nach lohnenden Anlagen. Andere Wirtschaftszweige litten unter internationalen Boykottmaßnahmen und Materialmangel.

Hatten die Gewerkschaften 1914 für die Dauer des Kriegs auf Lohnforderungen und Streiks verzichten wollen, drangen sie seit dem „Steckrübenwinter" 1917 und dem massiven Preisanstieg bei Nahrungsmitteln auf Lohnanhebungen. Die politische Uneinsichtigkeit der Armeeführung um Hindenburg und die kriegsbedingte Spaltung ihrer Partei zwang die Sozialdemokraten den zu Kriegsbeginn vereinbarten Burgfrieden partiell aufzugeben und zumindest Friedensziele öffentlich zu diskutieren. All dies geschah auch in Oberstein.

Als die Energieversorgung durch das Eltwerk immer lückenhafter wurde, im Januar 1918 ein Hochwasser an Fabriken, Wohnhäusern, Straßen und Wegen ungewöhnlich große Schäden verursachte und die Stimmungsberichte der Fronturlauber kein siegreiches Ende des Kriegs mehr erwarten ließen, wollte die gleiche Bevölkerung, die im August 1914 nächtliche Truppendurchfahrten entlang des Bahndamms mit lauten Hurra-Rufen begleitet hatte, nur noch einen raschen Friedensschluss und fühlte sich von der Monarchie verraten und verkauft.

Die Bekanntgabe der Mobilmachung durch das Bezirkskommando St. Wendel schreckte an der oberen Nahe kaum jemanden. In Idar fieberten junge Männer vielmehr dem Krieg entgegen und sangen voller Begeisterung: „Morgenrot, Morgenrot, leuchtest mir zum frühen Tod.“ Schlagartig schienen alle Klassengegensätze aufgehoben und keinerlei Interessengegensätze mehr vorhanden zu sein.

Bekanntmachung!

Seine Majestät der Kaiser und König haben die Mobilmachung der Armee und Marine befohlen.

Der erste Mobilmachungstag ist der 2. August.

Bezirkskommando St. Wendel.

Heute schwer nachvollziehbar, im Sommer 1914 aber traurige Wirklichkeit: Gefolgt von zahllosen Schaulustigen zogen junge Obersteiner nach der Mobilmachung voller Euphorie zum Marktplatz, um sich als Kriegsfreiwillige vorzeitig mustern zu lassen. Noch schien die Kriegsbegeisterung bei Jung und Alt keine Grenzen zu kennen.

Aufruf!

Was uns seit Jahren bedroht und was die Friedensliebe des deutschen Volkes und und unseres Kaisers, was unsere starke Rüstung zu Land und zu Wasser bisher abwenden konnten, ist eingetroffen:

Krieg ist hereingebrochen über Deutschland.

Ein Krieg, freventlich uns aufgezwungen von unsern Nachbarn zur Rechten und zur Linken, ein Krieg, der sich aller Wahrscheinlichkeit nach zu einem Weltbrand auswachsen wird.

Im Vertrauen auf unsere gute Sache, unser starkes Heer und unsere treffliche Flotte nimmt unser Volk den Kampf auf, nicht lüstern uach Eroberungen, sondern

zur Verteidigung seines Herdes, seiner Freiheit, seines Volkstums!

Stark in seinem Recht und unverzagt und bereit, sein Alles freudig einzusetzen für seine Ehre!

Mit seinen Verbündeten, besonders dem so schwer beleidigten Oesterreich, wird es den aufgezwungenen Kampf kämpfen und — siegen.

Heiße Wünsche begleiten unsere Söhne und Brüder, die des Kaisers Ruf gefolgt sind, um zu streiten für die zurückgebliebenen Lieben und das Vaterland, sie, die auserlesen sind, mit ihrem Blute dem Vaterland ihre Liebe und ihren Dank zu bezeugen.

Aber auch der Zurückgebliebenen müssen wir gedenken, derer, denen der Gatte, Vater Sohn oder Bruder, der Ernährer geraubt ist. Bei vielen geht Frau Sorge schon jetzt an die Türe. Die vom Glück mehr Begünstigten müssen ihnen helfen; wie die Anderen bereit sind, ihr Blut zu opfern, so müssen sie von ihrem Ueberfluß hergeben.

Auch der Verwundeten dürfen wir nicht vergessen; die Einrichtung eines Lazaretts in unserer Stadt wird eine Notwendigkeit werden.

An die Bürger Idars, deren Opfersinn sich schon bei viel geringeren Anlässen glänzend bewährt hat, wenden wir uns mit der Bitte:

Helft! Gebt von Eurem Ueberfluß zur Linderung der Not! Gebt Geld, gebt Nahrungsmittel und alles, was in den schweren Zeitläuften von Nutzen sein kann für Eure weniger bemittelten Mitbürger! Ihr dient der Menschlichkeit, Ihr dient dem Vaterlande!

Spenden nimmt entgegen die Stadtbürgermeisterei und die Verwaltung der Notstandskommission, Zimmer Nr. 4 der Bürgermeisterei.

Karl Rudolf Becker.
Ernst Falz.
Theodor Veeck.
Ernst August Wild.

Ganz im Sinne Kaiser Wilhelm II. beteuerten vier kommunalpolitisch engagierte Idarer Handelsleute, dass der Krieg Deutschland „freventlich aufgezwungen" worden sei. Zugleich appellierten sie an den Gemeinsinn ihrer Mitbürger und wiesen frühzeitig darauf hin, dass auch den Zivilisten Opfer abverlangt werden müssten.

Unter großer Anteilnahme der Bevölkerung marschierten in den ersten Augusttagen 1914 Kriegsfreiwillige durch die Obersteiner Hauptstraße. Auch Veteranen ließen es sich nicht nehmen, die Soldaten zu begleiten.

Tag und Nacht rollten Militärtransporte auf der Nahestrecke durch Oberstein zum Kriegseinsatz. Nahezu entspannt ließen sich die Soldaten am Kriegsanfang bei ihrer Arbeit fotografieren. In den Folgejahren nahm die Furcht vor Spionen ständig zu.

Völkerrechtswidrig brach die deutsche Armee gleich zu Kriegsbeginn in das neutrale Belgien ein, um Frankreich vom Norden her angreifen zu können. Siegesgewiss ließ sich eine deutsche Einheit, der Obersteiner Soldaten angehörten, vor dem zwischen Brüssel und Charleroi gelegenen Bahnhof Courcelles-Motte fotografieren.

Nahethal-Bote

Obersteiner Zeitung.

Oberstein, den 25. Mai 1915.

Extra-Blatt.

Wolffs Telegraphisches Büro.

Gute Fortschritte bei Ypern.

Im Südosten mehrere Orte, 153 Offiziere, 21000 Mann, 39 Geschütze, darunter 9 schwere und 40 Maschinengewehre genommen. Italienischer Zerstörer vernichtet. — Die Besatzung gefangen.

Großes Hauptquartier, 25. Mai.

Westlicher Kriegsschauplatz.

In Flandern setzten wir gestern unsere Angriffe in der Richtnng Ypern fort, erstürmten die Vlaminghe-Ferme, das Schloß nördlich Wieltje, die Bellewaarde-Ferme und näherten und Hooge. Bei diesen Kämpfen fielen 150 Gefangene und 2 Maschinengewehre in unsere Hand.

Südlich Armentiers zwischen Neuville und Givenchy und nördlich der Lorettohöhe wurden feindliche Teilangriffe blutig abgewiesen. Bei Neuville kamen in dem Graben bereitgestellte Sturmtruppen des Feindes durch unser Artilleriefeuer nicht zur Entwicklung.

In Cambrai wurden durch Bombenwürfe eines französischen Flieges beim Verlassen des Gottesdienstes 5 Franzosen getötet und 12 Franzosen schwer verletzt worden.

Bei St. Quentin schossen wir ein feindliches Flugzeug herunter.

Oestlicher Kriegsschauplatz.

An der Dubissa östlich Rossienja griffen unsere Truppen gegenüberstehende starke russische Kräfte an, schlugen sie und warfen sie unter empfindlichsten Verlusten über den Fluß. **2240 Gefangene** und 5 Maschinengewehre wurden erbeutet. Weiter südlich scheiterten mehrere teilweise sehr heftige russische Angriffe auf Richtung Europola unter großen blutigen Verlusten für den Gegner.

Südöstlicher Kriegsschauplatz.

Die Armee des Generaloberstén von Mackensen hat gestern nördlich Przemysl die Offensive erneut aufgenommen. Der Angriff führte wieder zu einem vollen Erfolge.

Die stark befestigten Orte Drohojow, Radymno, Wysocko, Wietlin, Makowicko und die Höhen nordwestlich Bobrowka sowie östlich Cetula wurden mit stürmender Hand genommen. Bisher fielen **153 Offiziere** und über **21000 Mann** als Gefangene, **39 Geschütze,** darunter 9 schwere, und mindestens **40 Maschinengewehre** den verbündeten Truppen in die Hand. Die Russen erlitten außergewöhnlich hohe Verluste.

Oberste Heeresleitung.

Aus Wien. Bei Barletta wurde der italienische Zerstörer „Turbino" lahm geschossen und ergab sich. 35 Mann der Besatzung, darunter der Kommandant und der Offizier, wurden gefangen genommen.

Den ganzen Krieg hinweg hielten die Lokalzeitungen die Bevölkerung mit Extra-Blättern über wichtige militärische Ereignisse auf dem Laufenden – soweit dies die strengen Zensurbestimmungen erlaubten. Gezielt wurde dabei ein Optimismus verbreitet, der ab 1915 immer seltener der tatsächlichen Lage an den Kampffronten entsprach.

Reichsweit sammelten am 22. Oktober 1915 die Vaterländischen Frauenvereine zum 57. Geburtstag von Kaiserin Auguste Viktoria eingekochtes Obst und Fruchtsäfte, die an Soldaten verteilt werden sollten. Stolz präsentierte die Idarer Ortsgruppe den Ertrag ihrer Aktion.

Nichts war zur Kriegszeit schwieriger, als Lebensmittel gerecht aufzuteilen und dabei allgemeine Akzeptanz zu finden. Soweit es ihnen gelang, die staatliche Abgabepflicht zu unterlaufen, verkauften Bauern ihre Produkte oft mit erheblichen Preisaufschlägen an Stadtbewohner. Um dem Unmut der Bevölkerung entgegenzuwirken, bildeten Oberstein und Idar ehrenamtliche Lebensmittelkommissionen (hier die Mitglieder des Idarer Gremiums).

Weil „kriegstaugliche“ Pferde militärisch eingesetzt wurden und Autos nur eingeschränkt nutzbar waren, musste improvisiert werden. Friedrich Hub (Spitzname: Schitzehufs-Fritz) spannte kurzerhand Ochsen vor die Kutsche, mit der er die Hotelgäste des Schützenhofs vom Obersteiner Bahnhof abholte.

Lfd. Nr. ......

An Bürgermeisterei
(Beauftragte Behörde)
in Idar

Meldung

über beschlagnahmte Fahrradbereifung gemäß der Bekanntmachung, betreffend Beschlagnahme, Meldepflicht und Ablieferung von Fahrradbereifung, auf dem Grundstück in
(Ort) Idar Straße Nr. ......
in Gewahrsam des/der Unterzeichneten befindlichen Gegenstände.

	Anzahl	Größe	Draht- oder Wulstdecke
1. Montierte Fahrraddecken	2	28 1/2	
2. Montierte Fahrradluftschläuche	2	28 × 1 1/2	
3. Unmontierte Fahrraddecken			
4. Unmontierte Fahrradluftschläuche			

Ort Idar Datum 2. X. 16
Straße Nr. ......
(Deutliche Unterschrift des Meldepflichtigen.)
Vor- und Zuname Rud Karpenstein
Stand ......

Die Meldung muß bis zum ...... 1916 abgeliefert sein.

Bft. 757 c. Ad. Littmann, Oldenburg

Die kriegswirtschaftliche Kontrollwut der Behörden kannte kaum Grenzen. Monatlich meldeten die Bürgermeister sämtliche Kupfer-, Messing- und Nickelbestände ihrer Stadt der Berliner „Metall-Mobilmachungsstelle“. Auch kriegsrelevante Fahrradteile wurden registriert. Im Herbst 1916 musste Rudolf Karpenstein dem Bürgermeister seine Fahrraddecken und -luftschläuche melden. Erfasst wurden Gegenstände bis hin zu Bierkrugdeckeln und Türgriffen.

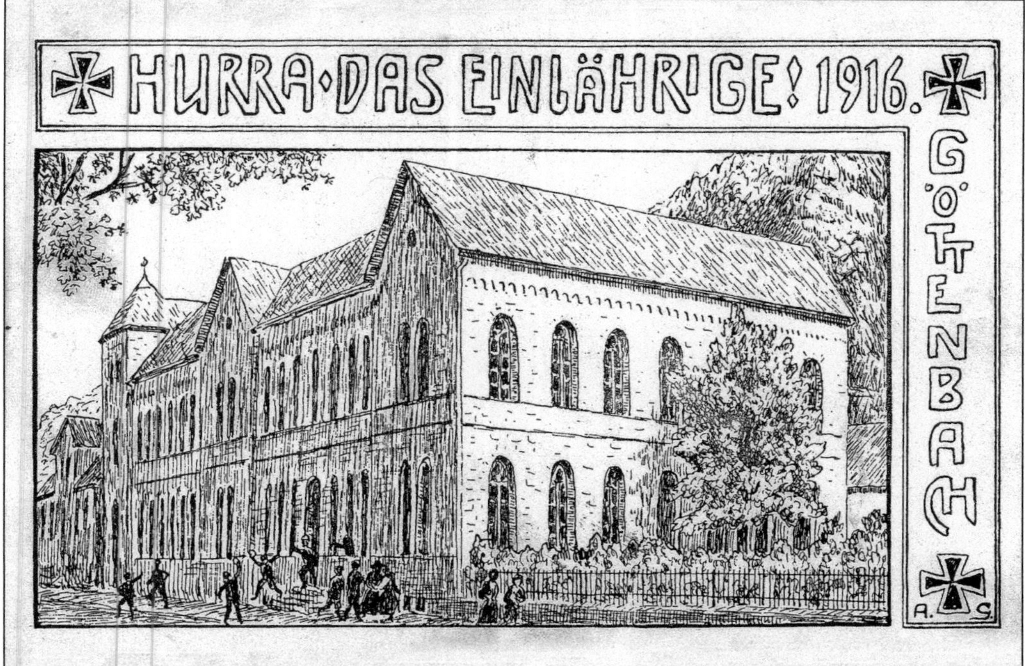

Selbst der Pazifist Stefan Zweig stellte mit Blick auf die Kriegsbegeisterung vom August 1914 fest, „dass in diesem ersten Aufbruch der Massen etwas Großartiges, Hinreißendes und sogar Verführerisches lag, dem man sich schwer entziehen konnte“. Am leichtesten ließen sich Schüler von der allgemeinen Kriegssehnsucht anstecken. Zur ersten Notreifeprüfung, die am 9. August 1914 an der Göttenbach-Oberrealschule stattfand (siehe Nahethal-Bote vom selben Tag), erschienen drei Abiturienten in Uniform, auch zwei weitere waren schon zum Kriegsdienst eingezogen. Noch 1916 „verzierten“ Schulabgänger ihre Postkarten dreifach mit dem Eisernen Kreuz. Zu jener Zeit fanden sich immer häufiger in der Lokalpresse Hinweise auf den Tod von „Kriegsprimanern“ wie im Nahethal-Boten vom 1. November 1916.

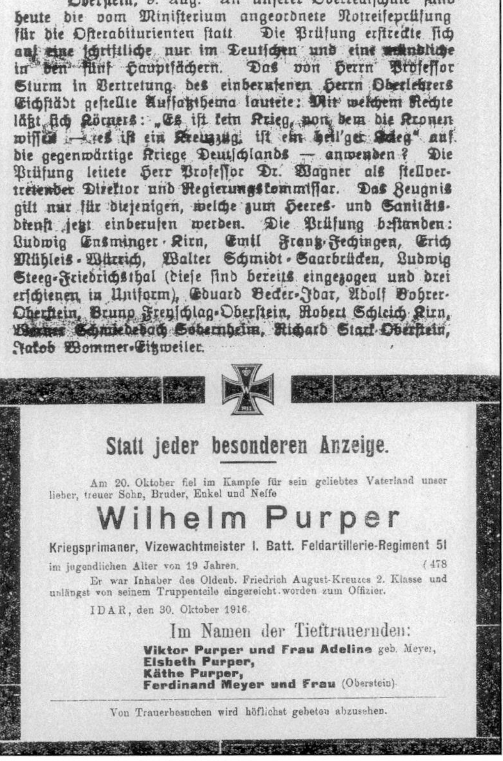

* **Oberstein**, 9. Aug. An unserer Oberrealschule fand heute die vom Ministerium angeordnete Notreifeprüfung für die Osterabiturienten statt. Die Prüfung erstreckte sich auf eine schriftliche nur im Deutschen und eine mündliche in den fünf Hauptfächern. Das von Herrn Professor Sturm in Vertretung des einberufenen Herrn Oberlehrers Eichstädt gestellte Aufsatzthema lautete: Mit welchem Rechte läßt sich Körners: „Es ist kein Krieg, von dem die Kronen wissen — es ist ein Kreuzzug, ist ein heil'ger Krieg“ auf die gegenwärtige Kriege Deutschlands — anwenden? Die Prüfung leitete Herr Professor Dr. Wagner als stellvertretender Direktor und Regierungskommissar. Das Zeugnis gilt nur für diejenigen, welche zum Heeres- und Sanitätsdienst jetzt einberufen werden. Die Prüfung bestanden: Ludwig Ensminger-Kirn, Emil Franz-Fechingen, Erich Mühleis-Würrich, Walter Schmidt-Saarbrücken, Ludwig Steeg-Friedrichsthal (diese sind bereits eingezogen und drei erschienen in Uniform), Eduard Becker-Idar, Adolf Bohrer-Oberstein, Bruno Freyschlag-Oberstein, Robert Schleich-Kirn, [illegible] Schmiedebach-Sobernheim, Richard Stark-Oberstein, Jakob Wommer-Eitzweiler.

Statt jeder besonderen Anzeige.

Am 20. Oktober fiel im Kampfe für sein geliebtes Vaterland unser lieber, treuer Sohn, Bruder, Enkel und Neffe

Wilhelm Purper

Kriegsprimaner, Vizewachtmeister I. Batt. Feldartillerie-Regiment 51

im jugendlichen Alter von 19 Jahren. (478

Er war Inhaber des Oldenb. Friedrich August-Kreuzes 2. Klasse und unlängst von seinem Truppenteile eingereicht worden zum Offizier.

IDAR, den 30. Oktober 1916.

Im Namen der Tieftrauernden:

Viktor Purper und Frau Adeline geb. Meyer,
Elsbeth Purper,
Käthe Purper,
Ferdinand Meyer und Frau (Oberstein).

Von Trauerbesuchen wird höflichst gebeten abzusehen.

Frauen waren einerseits während des Kriegs verstärkt in traditionell „weiblichen“ Sozialberufen gefragt und mussten andererseits als Arbeitnehmerinnen oder im eigenen Familienunternehmen die zum Kriegsdienst eingezogenen Männer ersetzen. Vor der als Lazarett genutzten Marktschule ließen sich Krankenpflegerinnen und Patienten gemeinsam mit der späteren Idarer Ehrenbürgerin Ida Purper (sitzend, Dritte von links) ablichten.

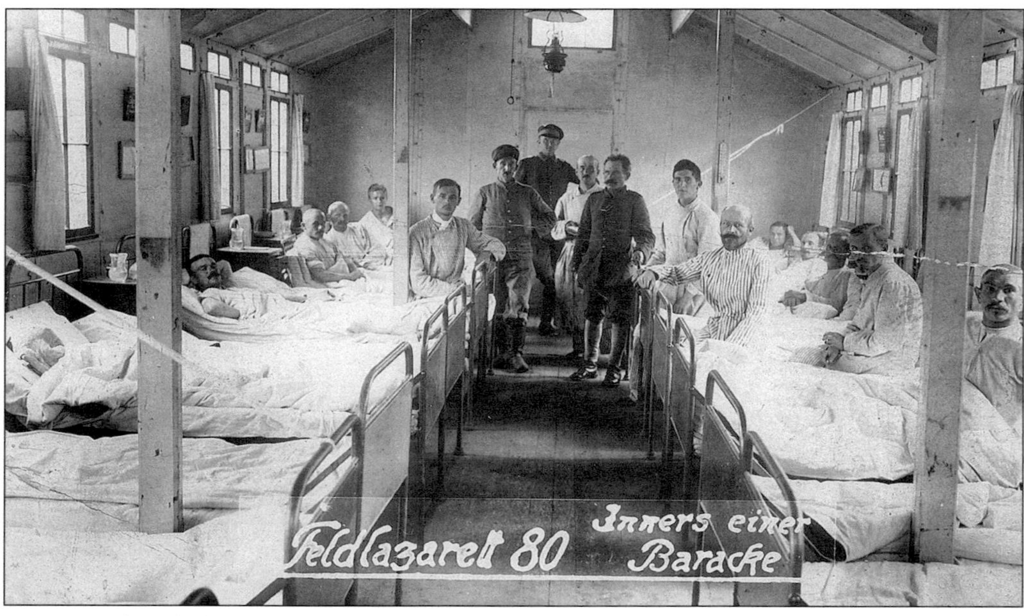

In Frontnähe sah das meist anders aus. Hier blieb weiterhin fast alles in Männerhand, wie 1918 der Blick in das Feldlazarett zeigt, in dem sich Emil Kirschmann (Zweiter von rechts) nach einer schweren Verletzung während des Stellungskriegs befand. Erst zum Kriegsende hin änderte sich das. Obersteiner und Idarer Frauen waren dann sogar bei Schanzarbeiten gefragt.

Seit August 1914 galt in Deutschland ein politischer und wirtschaftlicher „Burgfrieden“, der bis zur kommunalen Ebene reichte. Anders als die Landtagsabgeordneten (rechts Paul Hug) beschlossen die Reichstagsabgeordneten, nach Ablauf der Legislaturperiode auf Neuwahlen zu verzichten und setzten keine öffentlichen Plenarsitzungen mehr an. Über die militärischen Vorgaben hinaus praktizierte die Presse eine weitreichende Selbstzensur. Schließlich erklärten die Gewerkschaften, für die Dauer des Kriegs von Lohnforderungen und Streiks Abstand nehmen zu wollen.

An die

Landtagswähler der Stadt Oberstein!

Freitag, den 13. Oktober wird die

Landtagswahl

stattfinden, und dringende Pflicht der wenigen während der Kriegszeit noch zurückgeblieben Wähler ist es,

auch sämtlich von ihrem Wahlrecht Gebrauch zu machen.

Für den 28. Wahlkreis, die Stadt Oberstein,

ist als Kandidat wieder aufgestellt der **bisherige Abgeordnete**

Buchdruckereibesitzer

Paul Hug, Rüstringen.

Auf Grund einer Vereinbarung der unterzeichneten Parteien soll in der gegenwärtigen ernsten Zeit ein Wahlkampf vermieden werden, mithin diese Landtagswahl unter Wahrung des Burgfriedens erfolgen und der bisherige Besitzstand jeder Partei erhalten bleiben.

Wir ersuchen deshalb die Wähler, dem vorgenannten Kandidaten ihre Stimme zu geben. (.354

Die Vorstände

der Sozialdemokratischen Partei, Fortschrittlichen Volkspartei, Nationalliberalen Partei, Zentrums-Partei.

Im Sinne der Burgfriedenspolitik fanden 1916 im Großherzogtum Oldenburg Scheinwahlen statt, bei denen alle Landtagsabgeordneten vereinbarungsgemäß ihr Mandat behielten.

Einen Vorgeschmack auf spätere Garnisonszeiten erlebten Oberstein und Idar während des gesamten Weltkriegs. Schulen, Hallen (hier die alte Turnhalle in der Wilhelmstraße von der Nahe aus gesehen) und Amtsgebäude wurden als Lazarette und Truppenunterkünfte genutzt. Hotels beherbergten Offiziere. Zudem nahmen Privatpersonen Soldaten „in Verpflegung".

„Butterkompanie" nannten Spötter die Landsturmeinheiten, die im alten Postamt und den Turnhallen untergebracht waren. Zu ihnen einberufen wurden alle Männer vom 17. bis 42. Lebensjahr, die nicht im Heer oder der Marine dienten. Trotz fehlender körperlicher Eignung mussten die Landsturmmänner gegen Kriegsende noch an die Front.

Zu größeren Bauten in Troisdorf, in Schlebusch-Manfort und in Siegburg etc. werden dringend

Arbeitskräfte

gegen hohe Löhne gesucht.

Meldungen können bei dem Arbeitsnachweis hier — Stadtbauamt — erfolgen, wo nähere Auskunft erteilt wird.

Von dem Kgl. Feuerwerkslaboratorium in Siegburg werden eine Anzahl

Arbeiterinnen

über 16 Jahren gesucht.

Vermittlungen finden durch den Arbeitsnachweis hierselbst — Stadtbauamt — statt.

Oberstein, den 21. November 1916.

600.) **Der Stadtbürgermeister.**

Der Einsatz von Frauen, Schülern und Kriegsgefangenen vermochte nicht annähernd die Lücke zu schließen, die die zum Kriegsdienst eingezogenen Soldaten auf dem Arbeitsmarkt hinterlassen hatten. Deshalb warben auswärtige Großbetriebe regelmäßig mit dem Hinweis auf „hohe Löhne“ in der Lokalpresse ländlicher Regionen Arbeitskräfte an.

Etwa fünf Millionen Soldaten erhielten im Ersten Weltkrieg Tapferkeits- und Verdienstorden. Am begehrtesten war das in drei Stufen (hier die II. Klasse) verliehene Eiserne Kreuz.

Heimarbeit.

Polieren der silbernen Einfassung von

Eisernen Kreuzen

ist zu vergeben.

Nur solche Bewerber wollen sich melden, die einwandfreie Hochglanzpolitur mittels Stahl liefern.

Anerbieten mit Preisforderung sind unter Nr. **1306** an die Geschäftsstelle der Zeitung zu richten.

Eiserne Kreuze.

Wer übernimmt Zusammenstellung und Hochglanzpolieren (mittels Stahl), wenn sämtliche Zutaten geliefert?

Leistungsfähige Fabrikanten wollen Angebote an die Geschäftsstelle unter Nr. **1305** abgeben.

Als verlässlicher Produzent profitierte die Obersteiner Metallwarenindustrie von der Auszeichnungsflut, wie zwei Anzeigen aus dem Nahethal-Boten vom 9. August 1917 unterstreichen.

Der Idarer Maler Rudolf Wild hielt mit dieser undatierten Zeichnung einen seiner Unterstände in Frankreich fest.

Klein und schmächtig, entsprach Rudolf Wild keineswegs dem Bild vom robusten deutschen Soldaten. Gleichwohl wurde der Kriegsfreiwillige als Musketier bei Metz und in der Champagne eingesetzt.

In einer Art zeichnerischem Kriegstagebuch hielt Wild mit Bleistift und Skizzenblock Kameraden, Landschaften und Gebäude fest; u. a. auch die zerschossene Dorfkirche von Fritoy.

Verordnung.

Ich verbiete Edelkastanienbäume zu fällen oder Verträge, die auf den Erwerb nicht gefällter Bäume gerichtet sind, abzuschließen ohne vorherige schriftliche Genehmigung des stellv. Generalkommandos.

Die Erlaubnis wird nur Personen und Firmen erteilt, die im Befehlsbereich ihren Wohnsitz oder Sitz haben, eine Genehmigung des zuständigen Landrats oder Kreisdirektors (oder Polizeidirektors in Saarbrücken oder Regierungspräsidenten in Birkenfeld) beibringen und sich verpflichten, die zu fällenden Edelkastanien der Kriegslederaktiengesellschaft, Berlin W. 9, zum Ankauf anzubieten.

Zuwiderhandlungen werden auf Grund des § 9b des Gesetzes über den Belagerungszustand bestraft.

Saarbrücken, den 21. August 1916.

Der kommandierende General des stellv. 21. Armeekorps, zugleich für das 16. Armeekorps und die Festung Bitsch:

gez. **v. Mossner.**

Vorstehende Verordnung bringe ich hiermit zur allgemeinen öffentlichen Kenntnis und Beachtung.

Oberstein, den 28. August 1916. **Der Stadtbürgermeister.**

114.) J. V.: **Rupp**, Beigeordneter.

Die Kriegsregulierungen griffen in jeden Lebensbereich ein. Ob es die Bewirtschaftung eigener Gärten war, ob es sich um Kleidung oder Fahrzeuge handelte, ob es um Haustiere oder Einrichtungsgegenstände ging, nichts blieb unberücksichtigt, wenn es galt, Rohstoffe für kriegerische Zwecke zu nutzen oder den Kriegsgegner um denkbare Vorteile zu bringen. Selbst Kinderluftballons und Brieftauben unterlagen deshalb staatlichen Anweisungen.

Bekanntmachung.

Es wird erneut auf die Polizei-Verordnung vom 17. 8. 17 betr.

Einschränkung der nächtlichen Beleuchtung zum Schutze gegen Luftangriffe

aufmerksam gemacht, wonach alle Raumöffnungen, Fenster, Türen, Oberlichter usw und zwar ohne Rücksicht darauf, ob sie nach der Straße oder nach Hofräumen, Gärten usw. belegen sind, nach Eintritt der Dunkelheit gemäß den Bestimmungen der genannten Polizei-Verordnung mit dichtschließenden Verkleidungen abzublenden sind.

Die hiesigen Polizeiorgane sind angewiesen, Zuwiderhandlungen unnachsichtlich zur Anzeige zu bringen.

Verwundeten- und Vermißten-Nachweis.

Sprechstunden:

wochentags von 9 bis 11 Uhr.

Anny Stern, Oberstein,

Bahnhofstraße 19.

So unmittelbar war die Zivilbevölkerung an der oberen Nahe seit der Französischen Revolution und den napoleonischen Kriegen nicht mehr von militärischen Kampfhandlungen beeinträchtigt gewesen wie im Ersten Weltkrieg. Erstmals galt es zudem, sich gegen Luftangriffe zu schützen (siehe die Bekanntmachung aus dem Nahethal-Boten vom 3. September 1918).

Antrag auf Gestellung von Kriegsgefangenen.

Anlage 1.

(Dieser Teil ist nur durch die Zivilbehörden auszufüllen.)

Adresse des Antragstellers: Wilh. Levy in Idar

Fürstentum Birkenfeld: Nächste Bahnstation: Oberstein-Idar

Unterbringung soll erfolgen: im Schlafraum d. Wirt Giloy

Die Beköstigung übernimmt: Antragsteller

Die Arbeit soll beginnen am: sofort nach Eintreffen

Beantragte Zahl der Kriegsgefangenen: 1

Vermerk der Großherzogl. Regierung

Eingang des Gesuches	Abgang an stellvertret. General-kommando XXI. A.-K. Saar-brücken

(Nur durch die Militärbehörde auszufüllen.)

Die Kriegsgefangenen werden gestellt vom:

Aus dem Kriegsgefangenenlager:

Dieselben treffen ein:

Transport und Wachkommando:

Das Bürgermeisteramt und der Antragsteller sind benachrichtigt am:

Arbeitgeber und Arbeit	Bescheinigungen der zuständigen Bürgermeister	Bemerkungen
Name Wilh. Levy Die von der Heeresverwaltung herausgegebenen Bestimmungen über die Beschäftigung der Kriegsgefangenen sind von allen Arbeitgebern anerkannt.	a) Der Antrag wird befürwortet. Einheimische Arbeiter oder vertraglich gebundene oder dem Ortswechselverbot unterliegende auswärtige Arbeiter werden durch die Einstellung der beantragten Kriegsgefangenen nicht verdrängt. b) Gegen die in Aussicht genommene Unterbringung und Beköstigung sind Sicherheits-, Gesundheits- und sonstige polizeiliche Bedenken nicht zu erheben. c) ~~Einstellung von Hilfs-Bewachungspersonal aus dem Zivilstande wird mit Mann erforderlich werden. Das Hilfspersonal wird durch das Bürgermeisteramt ausgesucht, bewaffnet, zum Waffengebrauch ermächtigt und über Rechte und Pflichten im Waffengebrauch~~ unterwiesen werden. d) Die ärztliche Behandlung zu den niedrigsten Sätzen der Gebührenordnung (zu den Sätzen der hiesigen Krankenkasse) ist sichergestellt. Krankmeldungen*) sind vom Kommandoführer dem [illegible] zu übermitteln. Idar, den 21. Januar 1918 Der Bürgermeister. I. V. Ernst Falz *) Bei fieberhaften Erscheinungen drahtlich!	Der Antrag wird nicht befürwortet. Mit Dringlichkeitsvermerk weitergegeben an das stellvertretende Generalkommando in Saarbrücken
Weitergegeben an den Herrn Bürgermeister am:	Weitergegeben an die Großherzogliche Regierung zu Birkenfeld am: 21. 1. 1918	

(Vom Transportführer und Gemeinde- (Guts-) Vorstand auszufüllen.

Eingetroffen am:

Unterbringung:

Das Bewachungs-Hilfspersonal ist in Gegenwart der Kriegsgefangenen über das Recht und die Pflicht des Waffengebrauchs belehrt. Dasselbe ist besonders darauf aufmerksam gemacht, daß auf jeden Entweichenden geschossen, jede Unbotmäßigkeit der Kriegsgefangenen oder jedes Zuwiderhandeln gegen die Bestimmungen mit der Waffe geahndet wird und jedenfalls sofort Anzeige an den Gemeinde- oder Gutsvorstand zu machen ist, der das Weitere veranlaßt.

Transportführer. Gemeindevorstand.

Zurückgesandt am:

an:

Am 21. Januar 1918 forderte der Idarer Wilhelm Levy einen Kriegsgefangenen an, der „sofort nach Eintreffen" mit der Arbeit beginnen und im Schlafraum der Gastwirtschaft Giloy untergebracht werden sollte. Doch Ernst Falz lehnte in Vertretung des Bürgermeisters den Antrag ab.

Mehr als 2,5 Millionen Kriegsgefangene – unter ihnen 1,4 Millionen Russen – wurden während des Ersten Weltkriegs in der deutschen Landwirtschaft und Industrie als billige und meist stark belastete Arbeitskräfte eingesetzt. Wegen ihrer wirtschaftlichen Schwäche und ihres geringen politischen Einflusses hatten es die Kleinbauern der Nahe-Hunsrück-Region schwer, Ersatzkräfte für die zum Kriegsdienst einberufenen Landarbeiter zu finden. Einer der nach Oberstein vermittelten Kriegsgefangenen war ein unter seinem Rufnamen Johann bekannter Russe, der für Carl Marhoffer, den Inhaber des Bahnhof-Hotels, tätig war und über den Krieg hinaus „treue Dienste" leistete.

Soll Intendantur XXI. Armeekorps Haben

Das Kassenbuch des 21. Armee-Korps von 1915 hielt akribisch die Ausgaben und Einnahmen der Heeresangehörigen, die sich in Idar aufhielten, fest.

Zeichnungen

auf die

Neunte Kriegsanleihe

nimmt bis zum verlängerten Zeichnungstermin 6. Nov. mittags 1 Uhr spesenfrei entgegen die

Volksbank in Oberstein-

Zu 60 Prozent wurden die Kriegskosten über gut verzinste Kriegsanleihen finanziert. Mehr als 100 Milliarden Mark flossen so in die Reichskasse. Neben Postkarten und Plakaten warben bis zuletzt in der Lokalpresse große Anzeigen für die neunte Anleihe. Allerdings hatte 1918 in Oberstein und Idar die Kaufbereitschaft der vermögenden Bürger spürbar nachgelassen.

Kaisersgeburtstagsfeier

in der Kirche zu Idar

am Sonntag, den 28. Januar 1917.

Vortragsfolge:

I. Teil.

Orgelsonate C-Dur, (1. Satz) v. Dr. W. Volkmar.
Choral: Lobe den Herrn (1. und 2. Str.)
Musik: Torgauer Marsch (Ausgef. v. d. Stadtkapelle),
Begrüßung durch Herrn Rothfuchs, Vorsitzenden des Kriegervereins.

Prolog.

Festrede: Herr Pfarrer Lengler.
Gemeinsch. Gesang: Heil dir, im Siegerkranz (1., 2. und 4. Str.)
Gedicht: Ein Herz, ein Volk, ein Vaterland.
" Zwischen Metz und den Vogesen.
Gesang: Dem Vaterland (Schülerchor).
Gedicht: Im Vaterland.
" Der Kaiser im Schützengraben.
Gesang: Mein Vaterland (Schülerchor).
Gedicht: Weihnachten 1916.
" Hüte dich, England.
" Ich möchte nicht an seiner Stelle sein.
Musik: Priestermarsch und Arie aus der Zauberflöte von Mozart (Stadtkapelle).

II. Teil.

Gesang: Der Deutschen Sprüchlein (Schülerchor).
Gedicht: Gebet vor der Schlacht.
" Der Kriegsfreiwillige.
" Die deutsche Infanterie.
Gesang: Abschied von der Heimat (Schülerchor).
Gedicht: Das eiserne Regiment.
" Die Hunde aus der Champagne.
" Der Hauptmann.
" Die Mutter.
" Der Alte.
Schluß: Gemeinschaftl. Ges.: Deutschland über alles (1., 2. u. 3 Str.)

Druck von G. A. Behnert, Idar.

1917 sah der Obersteiner Kriegerverein „dem Ernst der Zeit entsprechend" von der obligaten „Kaisergeburtstagsfeier" ab. Anders sah das beim Nachbarverein in Idar aus. Seit Bismarcks Tod im Jahr 1898 war dort die Skepsis gegenüber Wilhelm II. allmählich verblasst und so fand trotz des wenig spektakulären 58. Geburtstags des Monarchen in der Stadtkirche eine Jubelfeier statt, bei der – typisch für die damalige Zeit – ein evangelischer Pfarrer, nämlich Karl Lengler, die Festrede auf Wilhelm II. hielt. Wie der erhalten gebliebene Programmzettel zeigt, wurde bei dieser Festveranstaltung mit Hilfe von Kriegsgedichten und -liedern die Wehrhaftigkeit Deutschlands beschworen und an vaterländische Gefühle appelliert. Max Brewers Gedicht „Der Kaiser im Schützengraben" sollte gar den Eindruck erwecken, Wilhelm II. setze sich an der Front der gleichen Gefahr wie seine Soldaten aus und greife schon mal zum Gewehr, um den Feind einzuschüchtern.

Birkenfelder Landeszeitung

früher Stadt- und Landbote

Älteste politische Zeitung für das Fürstentum Birkenfeld und Umgebung.

Größte Zeitung im südlichen Fürstentum. Erscheint wöchentlich dreimal: Dienstags, Donnerstags und Samstags. Bezugspreis vierteljährlich 1 Mark, nach auswärts 1. Mark, bei den Postanstalten einschließlich Bestellgeld 1.24 Mark. – Schließfach Nr. 11.

Öffentliches Anzeigeblatt
Mit der Wochenbeilage:
Illustriertes Sonntagsblatt

Wirksamstes Insertions-Organ für das Fürstentum Birkenfeld. Anzeigenpreis für die fünfmal gespaltene Zeile 15 Pfennig, für außerhalb des Fürstentums Wohnende 20 Pfennig. Reklamen die dreimal gespaltene Zeile 40 Pfennig. – Fernsprecher 3.

Für die Redaktion verantwortlich: Hugo Enke, Birkenfeld – Druck und Verlag der W. M. Hoestermannschen Buchdruckerei (Hugo Enke) in Birkenfeld (Fürstentum) – Geschäftsst.: Schneewiesenstr. 6.

Nr. 45. Dienstag, den 17. April 1917. 1. Blatt. 75. Jahrgang.

100 Jahre Fürstentum Birkenfeld!

Für Gedenkfeiern ist jetzt keine Zeit. Aber wir Bewohner des Fürstentums Birkenfeld würden uns schnöden Undanks gegen das Oldenburger Fürstengeschlecht, dessen Fürsorge für unser Heimatland in guten und schlechten Zeiten nie versagt hat, ja unverzeihlicher Selbstmißachtung schuldig machen, wenn wir nicht wenigstens am heutigen Tage der einzigartigen Bedeutung des **16. April 1817** für unser Birkenfelder Land und Volk in der Oeffentlichkeit gedächten. Ist er doch **der Geburtstag des Fürstentums Birkenfeld.** Denn heute vor 100 Jahren verkündete ein Erlaß des Herzogs Peter Friedrich Ludwig von Oldenburg den Bewohnern des jetzigen Fürstentums, daß er aufgrund des 49. Artikels der Wiener Kongreßakte vom 9. Juni 1815 nach Vereinbarung mit der Krone Preußen von den ihm zugesprochenen Gebietsteilen des ehemaligen französischen Saardepartements Besitz ergreife. Er nannte dieses linksrheinische Neuland zum Andenken an Burg-Birkenfeld das Stammschloß des bayrischen Königsgeschlechtes, die einstige Residenz der Pfalz-Birkenfelder Fürstenlinie, und in Erinnerung an die Wohltaten der ruhmwürdigen Regierung Karl Friedrichs von Baden, unter dessen Herrschaft der größere Teil des Landes als Oberamt Birkenfeld gegen Ende des 18. Jahrhunderts bis zum Einbruche der Franzosen gestanden hatte, „Fürstentum Birkenfeld“.

Eine Doppelfeier sollten wir also eigentlich heute begehen und **das 100jährige Bestehen des Fürstentums und zugleich seine 100jährige Zugehörigkeit zur Krone Oldenburg** feiern. Und ganz gewiß würde der Tag unter anderen Verhältnissen ein Freuden- und Festtag geworden sein: Fahnenschmuck und Glockenklang hätten die Jahrhundertfeier der Begründung des Fürstentums Birkenfeld durchs Land hin verkündet und in frohen Jubelfeiern würde man in Stadt und Dorf dem Danke gegen das Herrscherhaus, dem unser Land eine friedliche und gesegnete Entwicklung schuldet, freudigen Ausdruck gegeben haben. Wie ganz anders ist es gekommen! Noch tobt der blutige Krieg, den Mitteleuropa gegen die übrige Welt führen muß, in dem für das deutsche Volk nicht weniger als alles auf dem Spiele steht, Entwicklungsfreiheit und Selbstbestimmungsrecht, Dasein und Zukunft. Da sind alle Geister, Nerven und Muskeln des deutschen Volkskörpers zu ihrer höchsten Kraftleistung angespannt, um draußen an der Front die Feinde zurückzuschlagen, die uns die Schrecken des 30jährigen Krieges wieder ins Land tragen wollen, und daheim die Arbeit und die Entbehrungen zu bezwingen und die schweren Opfer zu ertragen, die wir alle mehr oder weniger bringen müssen. In so großer Not fehlt es freilich an Zeit und Stimmung, ja es wäre nicht angebracht, vielmehr frevelhaft, Feste zu feiern, und selbst wenn sie der Heimat gelten. Doch eins dürfen und wollen wir, in dankbarem Aufblicke zu dem Lenker der Menschheitsgeschichte öffentlich darauf hinweisen, was der 16. April 1817 für uns Birkenfelder bedeutet. Wohl dem, der seiner Väter gern gedenkt!

Und so ganz ohne Beziehungen zu den gewaltigen Ereignissen, die jetzt über die Menschheitsbühne schreiten, ist die Gründungsgeschichte unseres Fürstentums nicht. Nicht nur in dem äußeren Sinne, daß es wie das russische Kongreßpolen, die Niederlande und die preußischen Rheinlande der nach dem Sturze Napoleons auf dem Wiener Kongreß vorgenommenen Neuordnung der europäischen Staatenkarte sein Dasein verdankt, sondern in dem tieferen Sinne, daß bei seiner Schöpfung die beiden gefährlichsten Feinde, die wir Deutsche heute als Staat und als Volk haben, England und Rußland, zu Paten gestanden haben. Denn nicht des Fürsten Metternich österreichische Politik, wie man meist glaubt, hat das Fürstentum geschaffen, sondern der Kabinettspolitik jener Großmächte, insbesondere der englischen Macht- und Hauspolitik und dem Wortbruche des russischen Kaisers Alexander I., seines nächsten Verwandten, hatte es Herzog Peter Friedrich Ludwig von Oldenburg zuzuschreiben, daß ihm gegen seinen Wunsch und Willen zur Entschädigung für alles das, was er und sein Oldenburger Volk in 20 Jahren durch Napoleon und die Franzosen gelitten hatten, dieses bescheidene Gebiet mit stammfremder, rheinfränkischer Bevölkerung unweit der fernen französischen Grenze angewiesen wurde. Ueber aller Erwarten schlecht hatte der oldenburgische Fürst damals bei der Entschädigungsfrage abgeschnitten, er, der nächst dem preußischen Herrscher und in gewissem Sinne noch vor ihm vom sittlichen und rechtlichen Standpunkte aus den größten Anspruch auf Berücksichtigung seiner Wünsche erheben durfte. Hatte er doch nie gleich den anderen deutschen Fürsten den Rücken vor Napoleon gebeugt, sondern dem Zwingherrn stets in Wort und Tat den deutschen Mann gezeigt und, als ihm der Gewalttätige sein ganzes Land ohne Grund und Recht weggenommen hatte, lieber das Brot der Verbannung gegessen, als daß er auf Napoleons Angebot eingegangen und Großfürst von Erfurt von des Tyrannen Gnaden geworden wäre; und hatte doch sein Land auf Napoleons Befehl durch französische Verwaltung und französische Truppen Schwerstes ertragen, und war doch edles oldenburgisches Blut im Winter 1812/13 in freilich verfrühter Erhebung gegen die verhaßte Fremdherrschaft geflossen. Und dann hatte der einflußreichste Herrscher Europas nach dem Falle Napoleons, Alexander von Rußland, der Chef des oldenburgischen Fürstengeschlechtes und Neffe des Herzogs, diesem sein Wort gegeben, daß er ihm ein größeres Gebiet von etwa 160 000 Einwohnern im Anschluß an sein oldenburgisches Land in Ostfriesland und Westfalen erwirken werde. Aber Englands großzügige, von den übrigen Großmächten in ihren selbstsüchtigen Endzielen nicht durchschaute Festlandspolitik wußte es durchzusetzen, daß weder Preußen noch Oldenburg, sondern das mit Großbritannien durch Personalunion verbundene Hannover Ostfriesland und das nördliche Westfalen erhielt, um dadurch selbst die Nordseeküste und die Flußmündungen von der Ems bis zur Elbe in seiner Hand zu haben, dasselbe England, das in derselben eigennützigen Gesinnung den ostdeutschen Staat Preußen gegen seinen Willen auf das linke Rheinufer zu setzen wußte, damit es in Verbindung mit dem ebenfalls auf Englands Vorschlag geschaffenen Königreiche der Niederlande vor allem die englischen Festlandsinteressen gegen Frankreich schütze. Wir staunen über die überlegene, zielbewußte Staatskunst, die einem so eigenwilligen Herrscher wie Alexander von Rußland das Einverständnis zu diesen Abmachungen zu entringen verstand, aber noch mehr darüber, daß sie den stolzen Kaiser dazu bewegen konnte, ein seinem nächsten Verwandten gegebenes Wort zu brechen.

So mußte sich Oldenburg statt eines Zuwachses um etwa 160 000 stammverwandte Friesen und Niedersachsen mit 20 000 linksrheinischen Franken begnügen, und Preußen wurde die für dieses äußerst peinliche Verpflichtung durch die ihm verbündeten Mächte Oesterreich, Rußland und England auferlegt, die 20 000 Seelen aus den ihm zugefallenen Rheinlanden im ehemaligen französischen Saardepartement auszuscheiden. Aber noch vier andere Fürsten sollten im südlichen Teile der linksrheinischen Erwerbungen Preußens in derselben Weise entschädigt werden: der Großherzog von Mecklenburg-Strelitz, der Herzog von Sachsen-Koburg, der Landgraf von Hessen-Homburg und Graf Pappenheim, der letztere unter preußischer Hoheit. Mecklenburg verzichtete sofort zugunsten Preußens gegen Entschädigung, ebenso später Pappenheim, dem der König Friedrich Wilhelm III. Neunkirchen und Umgegend im Kanton Ottweiler in Aussicht gestellt hatte. Oldenburg, Koburg und Homburg erhielten die ihnen bestimmten und von Preußen ausgemittelten Landesteile, jenes das Fürstentum Birkenfeld, Koburg das südlich davon gelegene Fürsten-

Patent über die Besitznahme des Fürstentums Birkenfeld.

Nachdem in Gemäßheit des Art. 49, der zu Wien am 9. Junius 1815 geschlossenen Congreß-Acte und demnächst mit Seiner Majestät dem Könige von Preußen eingegangenen Verträge, folgende Landesbezirke im ehemaligen Saar-Departement, nämlich:

1. der Canton Herrstein, so wie er unter der französischen Verwaltung des Saar-Departements bestanden hat, mit Ausnahme der Gemeinden Hottenbach, Hellershausen, Asbach, Schauern, Kempfeld und Bruchweiler, welche preußisch verbleiben;
2. der ganze Canton Birkenfeld;
3. vom Canton Hermeskeil die Gemeinden Sötern, Boosen und Schwarzenbach;
4. vom Canton Wadern die Gemeinden Neunkirchen, Selbach, Gonnesweiler und Eiweiler;
5. vom Canton St. Wendel die Gemeinden Asweiler, Eizweiler, Imsbach, Hirstein, Reichweiler und Mosberg, Steinberg und Deckenhardt, Walhausen und Schwarzhof;
6. vom Canton Baumholder die Gemeinden Gimbweiler, Nohfelden, Wolfersweiler und Nohen; und
7. vom Canton Rhaunen die Gemeinde Bondenbach

an Seine Herzogliche Durchlaucht, Herrn Peter Friedrich Ludwig, Erben zu Norwegen, Herzog zu Schleswig, Holstein, Stormarn und der Dithmarschen, Fürsten zu Lübeck, Herzog und regierenden Administrator zu Oldenburg, von Seiner Königlich Preußischen Majestät unter dem 9. d. M. mit allen Eigenthums- und Landeshoheits-Rechten überwiesen und übertragen sind, und Seine Herzogliche Durchlaucht gnädigst geruhet haben, die Unterzeichneten zu bevollmächtigen, in Höchstihrem Namen für Höchstdieselben und Höchstihr Herzogliches Haus den Besitz der benannten Landesbezirke sammt deren Zubehörungen und Zuständigkeiten zu ergreifen, und solche unter dem Namen des Fürstenthums Birkenfeld zu vereinigen; so wird hiermit gedachtes Fürstenthum im Höchsten Namen und in Vollmacht Seiner Herzoglichen Durchlaucht nunmehr förmlich in Besitz genommen, und wie demnach sämmtliche Einwohner und Unterthanen, auch alle angestellten Beamten des Fürstenthums Birkenfeld hiedurch angewiesen werden, ihrem nunmehrigen gnädigsten Landesherrn treu und gehorsam zu seyn, und alle gegen Höchstdenselben ihnen obliegenden Pflichten willigst zu erfüllen; also wird denselben Seiner Herzoglichen Durchlaucht landesherrliche Gnade und Vorsorge dagegen feierlichst zugesichert.

So geschehen Birkenfeld, den 16. April 1817.

von Berg, Herzoglich-Holstein-Oldenburgischer Ober Appellationsgerichts-Präsident und Gesandter am deutschen Bundestag.

Wibel, Herzoglich-Holstein-Oldenburgischer Regierungsrath.

(Die Urkunde befindet sich im Landesmuseum zu Birkenfeld.)

In ihrer Ausgabe vom 17. April 1917 veröffentlichte die Birkenfelder Landeszeitung vorrangig Texte zum 100-jährigen Bestehen des Fürstentums. Druckte der Nahethal-Bote immerhin noch den Wortlaut des großherzoglichen Glückwunschtelegramms ab, so beließen es die Neuesten Nachrichten bei dem Hinweis, das Jubiläum sei „in dieser wirren Zeit, da alle Welt schrillster Kriegslärm erfüllt, ohne äußere festliche Anzeichen“ vorübergegangen.

Seit Oktober 1917 befand sich in der Idarer Marktschule eine „städtische Volksküche", die insbesondere der Mangelversorgung bei Kindern entgegenwirken sollte. Blockademaßnahmen der Ententestaaten sowie Zwangsabgaben für das Militär und die Bevölkerung der Großstädte hatten selbst im ländlichen Raum zu Nahrungsmittelknappheit geführt.

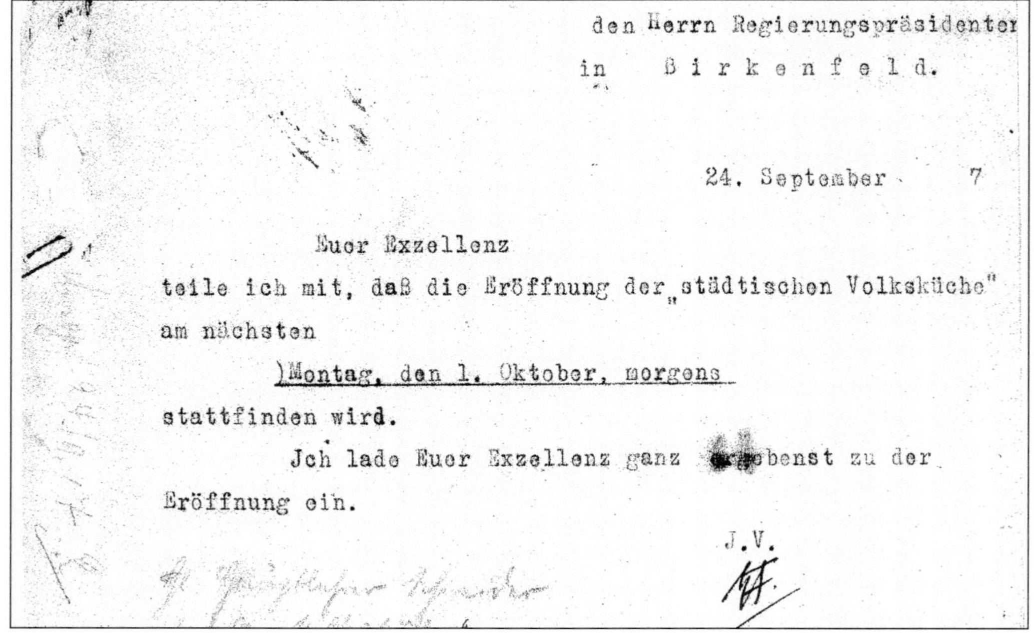

den Herrn Regierungspräsidenten
in Birkenfeld.

24. September 7

Euer Exzellenz
teile ich mit, daß die Eröffnung der „städtischen Volksküche" am nächsten
Montag, den 1. Oktober, morgens
stattfinden wird.
Jch lade Euer Exzellenz ganz [illegible]ebenst zu der Eröffnung ein.

J.V.

Zur Einweihung der neuen Einrichtung wurde Regierungspräsident Willich eingeladen. Neben der Kommune unterstützten karitative Organisationen wie der Vaterländische Frauenverein, der auch eine Kinderkrippe unterhielt, die Volksküche.

Obersteiner

Neueste Nachrichten

Telefon Nr. 22. Täglicher Anzeiger für das Fürstentum Birkenfeld u. die angrenzenden Bezirke Zeitungs-Katalog Nr. 5280.

Die „Neuesten Nachrichten“ erscheinen täglich, mit Ausnahme der Sonn- und Feiertage und kosten vierteljährlich Mk. 2.40. Abgeholt bei der Expedition monatl. 70 Pfg. — Sämtliche Postanstalten, Agenturen u. Briefträger nehmen Bestellungen entgegen.

Idarer Tageblatt

General-Anzeiger für's Nahetal

Unverlangte Zusendungen werden weder honoriert noch zurückgeschickt. – Zusendungen franko erbeten.

Inserate kosten die kleine gespaltene Zeile aus dem Verbreitungsbezirk 20 Pfg., von auswärts 25 Pfg. Reklamen pro Petitzeile 60 Pfg. Alle Annoncen-Expeditionen nehmen Anzeigen für die „Neuesten Nachrichten“ entgegen.

Nr. 256. Oberstein, Samstag, den 2. November 1918. 32. Jahrgang.

Neue gewaltige Durchbruchsversuche des Gegners gescheitert.

Ein Wilsonfriede ohne Annektionen?

zb. Bern, 1. Nov. Ein Londoner Blatt meldet aus Newyork: Eine Botschaft Wilsons an den Senat begründet die Notwendigkeit der Herstellung direkter Beziehungen zwischen den Völkern durch die Annahme eines „Friedens ohne Annektionen und Entschädigungen“.

Frankreich zum Frieden bereit.

zf. Genf, 1. Nov. Nach Pariser Depeschen vom Mittwoch erklärte der Kriegsminister im Heeresausschuß der französischen Kammer, daß es sich in den nächsten acht Tagen entscheiden werde, ob ein Waffenstillstand und damit …

Deutscher Tagesbericht.

W.-B. Großes Hauptquartier, 1. Nov. (Amtl.)

Westlicher Kriegsschauplatz.

Heeresgruppe Kronprinz Rupprecht.

In Flandern hat der Feind seine großen Angriffe wieder aufgenommen. Zwischen holländischer Grenze und Deinze stießen Belgier und Franzosen gegen die Lysfront, im besonderen gegen unsere Brückenkopfstellungen auf dem Westufer des Flusses vor. Bei- …

Heeresgruppe Gallwitz.

Auf dem Ostufer der Maas tagsüber lebhafte Artillerietätigkeit.

Südöstlicher Kriegsschauplatz.

Die deutschen Truppen wurden auf das nördliche Donau-Ufer beiderseits von Belgrad und Semendria zurückgenommen. Der Uebergang über die Donau ging ohne Störung durch den Gegner vonstatten.

Der erste Generalquartiermeister:
Groener.

Mit einem für den damaligen Zeitgeist typischen Gedicht feierte der Nahethal-Bote am 2. Oktober 1917 den 70. Geburtstag Paul von Hindenburgs. Die Verfechter eines deutschen „Siegfriedens“ organisierten für den Feldmarschall, der bis zuletzt zweifelhafte militärische Erfolgsmeldungen verbreiten ließ (siehe oben), im Hotel zur Post eine öffentliche Geburtstagsfeier, bei der 800 Mark gesammelt wurden. 1899 hatte der Prototyp des preußischen Soldaten, dem wie einst Otto von Bismarck übermenschliche Züge angedichtet wurden, als Chef des Generalstabs des VIII. Armee-Korps im Idarer Hotel Messinger übernachtet.

Der siebzigjährige Feldmarschall.

Neueste Aufnahme des Generalfeldmarschalls von Hindenburg.

Hindenburg.

In heilger Not wardst Du uns offenbart
Und schritt'st hervor aus stillgewordner Klause;
Nun ragst Du reckenhoch im Kampfgebrause,
Und was sich deutsch nennt, steht um Dich geschart!

Wie wild. Dich auch die Geierschar umkreist,
Hell blitzt und sieggewiß Dein blank Gewaffen,
Und unser Glaube weiß: Du wirst es schaffen!
Denn Du bist deutsche Faust und deutscher Geist!

Paul Kirchhoff, Oberstein.

Am Montag, den 6. August, abends 1/2 9 Uhr,
findet im Saale von „Hotel Post" Oberstein eine

große öffentliche Versammlung

statt mit folgender Tagesordnung:
1. **Vortrag** des Herrn Karl Zörrgiebel aus Köln.

„Krieg — Frieden — und das Volk."

2. Diskussion.
Zu dieser Versammlung ist jedermann freundlichst eingeladen.
288). **Der Einberufer.**

Die Bewilligung von Kriegskrediten spaltete die SPD. Befürworter und Gegner standen sich nahezu unversöhnlich gegenüber. Im Sommer 1917 lud die Obersteiner SPD daraufhin Karl Zörgiebel, einen der führenden rheinischen Sozialdemokraten, zu einer Diskussion über die Kriegspolitik ein. Aufgrund des vereinbarten „Burgfriedens" wagte die Partei aber nicht, ihren Namen in der Einladungsanzeige zu nennen. Erstmals wurden an der oberen Nahe Alternativen zur Kriegspolitik der Obersten Heeresleitung diskutiert.

Deutscher Metallarbeiter-Verband
Verwaltung Oberstein-Idar und Umgegend.
Samstag, den 12 Januar 1918, abends 8 Uhr, im Lokale des Herrn Alfred Heine

Mitglieder-Versammlung.

Tagesordnung:
1. Bericht der Ortsverwaltung. 2. Wahl der Ortsverwaltung für 1918. 3. Vortrag über: „Verteuerung des Lebensbedarfs und Arbeitslohn in Oberstein. 4. Regelung sonstiger Verbandsangelegenheiten.
Zahlreiche Beteiligung erwartet **die Ortsverwaltung.**

Reichsweite Streiks zwangen die Gewerkschaften im Januar 1918 zur Rücknahme ihres seit Kriegsbeginn eingehaltenen Verzichts auf Lohnanhebungen. In Oberstein sah sich der Deutsche Metallarbeiter-Verband gezwungen, einen Ausgleich für den kriegsbedingten Anstieg der Lebenshaltungskosten zu fordern.

Eines der folgenschwersten Hochwasser des 20. Jahrhunderts hielt am 16. Januar 1918 Oberstein in Atem. Nach langer Frost- und Schneeperiode hatten starke Regenfälle eingesetzt und den Schnee schmelzen lassen. Der tiefgefrorene Boden konnte jedoch kein Wasser aufnehmen und so schwoll die Nahe über Nacht zu einem reißenden Fluss an, der Häuser und Straßen unterspülte. Fassungslos verfolgten Schaulustige den sprunghaften Anstieg der Wassermassen, die die Hauptstraße bis zur heutigen Christuskirche fluteten.

Nur ein eiligst aufgeschütteter Steinwall bewahrte in der unteren Hauptstraße die Anwohner des linken Naheufers vor ähnlichen Schäden wie am Bahnhof, wo Teile des Gebäudes der Kettenfabrik August Haupt eingestürzt waren.

Volksbühne
des stellvertretenden Generalkommandos
XXI. A.-K. zugleich für das XVI. A.-K.

Samstag, den 9. November in der
Neuen Turnhalle zu Jdar

Faust

Der Tragödie erster Teil von Wolfgang v. Göthe, in 14 Verwandlungen. Spielleitung: der Intendant.

Personen:

Faust	Ernst Alves vom Hoftheater Stuttgart
Wagner, sein Famulus	Wilhelm Ruhe vom Stadttheater Düsseldorf
Margarete, ein Bürgermädchen	Lilly Dziadeck vom Hoftheater München
Valentin, ihr Bruder	Herbert Müller-Molenar vom Stadttheater Breslau
Frau Martha, ihre Nachbarin	Magda Halden vom Deutschen Theater Riga
Mephistopheles	Erwin Kopp vom Deutschen Theater Berlin
Brander (Studenten)	Herbert Müller-Molenar
Frosch (Studenten)	Ludwig Michaelis v. Theater a. Nollendorfplatz Berlin
Altmayer (Studenten)	Friedrich Knauer vom Stadttheater Düsseldorf
Siebel (Studenten)	Walter Frank Kammerspiele Nürnberg
Ein Schüler	Ludwig Michaelis
Lieschen, ein Bürgermädchen	Mia Wirth
Eine Hexe	Franziska Bernes vom Schauspielhaus München
Eine Meerkatze	Mia Wirth vom Hoftheater Gera
Der Erdgeist	Hermann Schlosser vom Deuscen Thoater Cöln
Böser Geist	Gerda Haasted vom Albert-Theater Dresden

Bürger, Meerkatzen usw.

Die Dekorationen sind nach Entwürfen des Intendanten in eigener Werkstätte der Volksbühne angefertigt. Die Kostüme stammen aus den Werkstätten für historische Kostüme „Fama“, Düsseldorf. Möbel sind z. T. in eigener Werkstätte, z. T. durch die Hoflieferanten Hugo Baruch, Berlin, geliefert.

— Grössere Pause nach der Hexenküche. —

Beginn: 8½ Uhr. — Rauchen streng untersagt. — Ende: 11 Uhr.

Preise der Plätze: 4, 3, 2 und 1 Mark.

Vorverkauf. Buchh. Schmidt, Idar u. G. Schulz, Oberstein.

Steffen's Kinematograph

— Telefon 339 —

bietet

Sonntag und Montag:

Liebe ohne Hoffnung,

großes Schauspiel in 4 Akten, eine Glanznummer aus der Goldserie

Mobilmachung in der Küche,

Burleske in Feldgrau in 2 Akten

Filmbericht vom Kriegsschauplatz,

dazu ein auserlesenes Programm.

Nummerierte Plätze jederzeit im Vorverkauf, auch auf telefonische Bestellung. (.387

Kasino-Saal Oberstein.

Samstag, den 29. September 1917, Abends 8 Uhr,

Konzertabend

für die Kriegsblinden.

Ausführende:

Paula Blatt. Idar, Gesang,
Else Blatt, Idar, Klavier,
Karl Jaeger, Darmstadt, Geige,

Werke von Bach, Beethoven, Brahms, Franz, M. Bruch, Grieg, R. Strauss, Schumann u. a.

Karten 2 Mk. Vorverkauf: R. Grub.

Programm an der Kasse.

Saaltüren werden pünktlich geschlossen.

Vom Herbst 1914 an gehörte der „Filmbericht vom Kriegsschauplatz“ zum festen Programm in Steffens Kinematographen. Allerdings ließen die wenig aussagekräftigen Aufnahmen des Wochenschaudienstes das anfängliche Publikumsinteresse schnell erlahmen. Das Militär lud unterdessen ständig zu Konzerten ein. Zudem musizierten örtliche Vereine und Solisten regelmäßig für karitative Zwecke, wie Paula und Else Blatt sowie Karl Jaeger, die im Obersteiner Kasino-Saal auftraten. Noch am Tag, an dem bereits die Republik ausgerufen wurde, gastierte die Volksbühne des stellvertretenden Generalkommandos des XXI. Armee-Korps mit Goethes „Faust“ und verdeutlichte, wie sehr das Militär mit Kulturdarbietungen vom Kriegsalltag abzulenken versuchte.

Kommunikativer Dreh- und Angelpunkt war im Ersten Weltkrieg der Bahnhof. Hier kamen fast alle Reisenden an, hier fuhren die Truppentransporte auf dem Weg zur Westfront durch und hier befanden sich in unmittelbarer Nachbarschaft Hotels, Gaststätten und Fabriken. Was sich rund um den Bahnhof ereignete, wusste wenig später die ganze Stadt. Auch in der Bahnhofstraße (siehe unten rechts) herrschte lebhafter Verkehr.

+ **Oberstein**, 1. Dez. Aus dem Jahresbericht der freiw. Sanitätskolonne vom Roten Kreuz Oberstein entnehmen wir folgendes. Bei Kriegsausbruch bestand die Kolonne aus 48 Mitgliedern, hinzu kamen während des Krieges 9, sodaß die-selbe jetzt aus 57 Mitgliedern besteht. Mit der Mobilmachung wurden sofort der Kolonnenarzt, der 1. und 2. Kolonnenführer, sowie noch weitere 10 Mitglieder ins Feld gesandt. Nach und nach wurden noch 18 Mitglieder eingezogen. Die Kolonne führte vom 19. August bis 5. September mit 24 Mann die Verbandstelle Türkismühle. Vom 5. September bis 5. Dezember waren noch 4 Mitglieder dort tätig, bis dieselben nach Trier versetzt wurden. Die Kolonne führte 11 größere Transporte aus und leistete in 87 Fällen die erste Hilfe. Bei der Unterbringung von Verwundeten ins hiesige Krankenhaus war die Kolonne in 443 Fällen beteiligt, außerdem wurden noch 30 Verwundete nach Idar überführt. 120 gefangene verwundete Franzosen begleiteten 8 Mann der Kolonne von Türkismühle bis Aschaffenburg. Auf dem Bahnhof Oberstein hat die Kolonne, nach Einstellung der Kriegshilfe, aus eigenen Mitteln und aus Zuwendungen hiesiger Bürger 26869 Soldaten mit Kaffee etc. verpflegt. An letzten Weihnachten konnten 280 durchfahrende Soldaten durch Liebesgaben erfreut werden. Die Kolonne veranstaltete 2 Wohltätigkeitskonzerte. Dieselben ergaben einen Reinertrag von Mk. 202, welcher zum Besten des Roten Kreuzes und erblindeter Krieger verwandt wurde. Bis jetzt stehen 31 Mann der Kolonne im Feld.

Ein Bericht aus dem Nahethal-Boten vom 1. Dezember 1915 zeigt, dass auch das Rote Kreuz seine Dienste für die Soldaten in unmittelbarer Nähe des Bahnhofs anbot.

Obersteiner

Neueste Nachrichten

Telefon Nr. 22 Täglicher Anzeiger für das Fürstentum Birkenfeld u. die angrenzenden Bezirke Zeitungs-Katalog Nr. 5280.

Die „Neuesten Nachrichten" erscheinen täglich, mit Ausnahme der Sonn- und Feiertage und kosten vierteljährlich Mk. 2.40. Abgeholt bei der Expedition monatl. 70 Pfg. — Sämtliche Postanstalten, Agenturen u. Briefträger nehmen Bestellungen entgegen.

Idarer Tageblatt

General-Anzeiger für's Nahetal

Unverlangte Zusendungen werden weder honoriert noch zurückgeschickt. – Zusendungen franko erbeten.

Inserate kosten die kleine gespaltene Zeile aus dem Verbreitungsbezirk 20 Pfg., von auswärts 25 Pfg. Reklamen pro Petitzeile 60 Pfg. Alle Annoncen-Expeditionen nehmen Anzeigen für die „Neuesten Nachrichten" entgegen.

Nr. 263. Oberstein, Montag, den 11. November 1918. 32. Jahrgang

Die Waffenstillstandsbedingungen der Entente angenommen.

Siegeszug des Proletariats durchs Reich und über die Grenzen hinaus. — Kaiser und Kronprinz danken ab. — König von Sachsen, Großherzoge von Oldenburg und Hessen abgesetzt. — Ebert Reichskanzler.

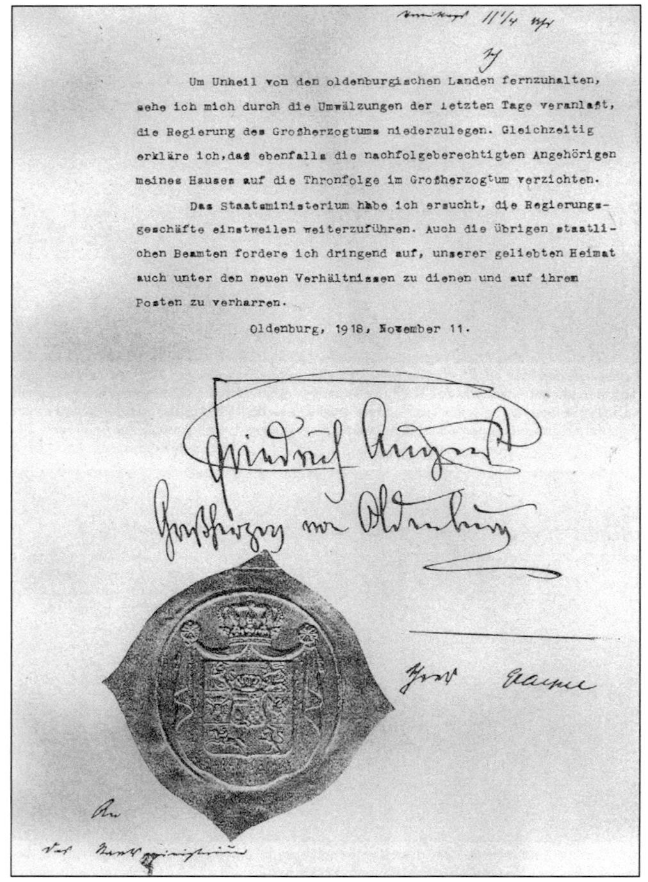

Um Unheil von den oldenburgischen Landen fernzuhalten, sehe ich mich durch die Umwälzungen der letzten Tage veranlaßt, die Regierung des Großherzogtums niederzulegen. Gleichzeitig erkläre ich, daß ebenfalls die nachfolgeberechtigten Angehörigen meines Hauses auf die Thronfolge im Großherzogtum verzichten.

Das Staatsministerium habe ich ersucht, die Regierungsgeschäfte einstweilen weiterzuführen. Auch die übrigen staatlichen Beamten fordere ich dringend auf, unserer geliebten Heimat auch unter den neuen Verhältnissen zu dienen und auf ihrem Posten zu verharren.

Oldenburg, 1918, November 11.

Friedrich August
Großherzog von Oldenburg

Am 9. November 1918 endete in Deutschland die mehr als tausendjährige Herrschaft der Fürsten über das Volk. Binnen weniger Tage wurden 22 Monarchien beseitigt, unter ihnen das Großherzogtum Oldenburg, zu dem das Fürstentum Birkenfeld mit Oberstein und Idar gehörte. Zwei Tage nach Ausrufung der Republik unterzeichnete Großherzog Friedrich August sein Abdankungsschreiben und tat dabei so, als handle er aus freien Stücken. Richtig stellten indes die von der Kriegszensur befreiten Neuesten Nachrichten die Entwicklung dar.

3

FRANZÖSISCHE BESATZUNG UND DIE WEIMARER REPUBLIK

1918 BIS 1933

Nachdem der Kaiser ins niederländische Exil geflohen und General Ludendorff abgesetzt war, weigerte sich Generalfeldmarschall Hindenburg, der lange Zeit einen für Deutschland sinnvollen Verständigungsfrieden abgelehnt hatte, die militärische Niederlage seiner Armee einzugestehen. Deshalb musste Staatssekretär Matthias Erzberger am 11. November 1918 im Wald von Compiègne als Zivilist und Regierungsvertreter den Waffenstillstand unterzeichnen. Die Vereinbarung erlegte Deutschland harte Lasten auf, zu denen neben der Herausgabe von Waffen und Rüstungsmaterial der Einzug von Lastwagen und 150.000 Eisenbahnwaggons sowie die Verschärfung der Lebensmittelblockade gehörten. In der Bevölkerung und an der Front überwog jedoch die Erleichterung über das Ende der Kampfhandlungen. Zudem wurden Hoffnungen in die Abschwächung der Waffenstillstandsbedingungen durch einen endgültigen Friedensvertrag gesetzt.

Einen Tag nach Beginn der Verhandlungen in Compiègne war am 9. November in Berlin die Republik ausgerufen worden. Mit dem Kaiser mussten alle Monarchen auf ihre Thronrechte verzichten – auch der Großherzog von Oldenburg. Die Regierungsgewalt übernahm ein „Rat der Volksbeauftragten", der vor der Aufnahme seiner Regierungsgeschäfte von einer Versammlung der Berliner Arbeiter- und Soldatenräte bestätigt werden musste.

Ähnliche Arbeiter- und Soldatenräte entstanden im Zuge der „Novemberrevolution" in zahlreichen Städten und sogar Dörfern, so auch in Oberstein, Idar und Umgebung. Im Mittelpunkt ihrer Tätigkeit standen die Aufrechterhaltung der öffentlichen Sicherheit und Ordnung, die Gewährleistung der Lebensmittelversorgung und die geordnete Rückführung der von der Front in die Heimat drängenden Soldaten. Nach der Wahl zur verfassunggebenden Nationalversammlung verloren die Räte rasch an Bedeutung und lösten sich bis zur formellen Gründung der Weimarer Republik im August 1919 auf, soweit sie sich nicht im besetzten Reichsgebiet befanden, wo die Alliierten ihre Tätigkeit schon Ende 1918 behindert oder unterbunden hatten.

Am 6. Dezember 1918 begann in Oberstein und Idar die französische Militärverwaltung. Dabei mussten für die Unterbringung der Besatzungssoldaten Schulen, Turnhallen, Gasthäuser und Privatquartiere beschlagnahmt werden. Diesem unhaltbaren Zustand versuchte man mit dem Bau einer Kaserne auf der Hohl zu begegnen, die jedoch nach ihrer Fertigstellung nie von französischen Militärangehörigen bezogen wurde. Weil die Franzosen nach wie vor die Au- und die Schillerschule in Anspruch nahmen, sah sich die Stadt Oberstein gezwungen, die neu erbaute Hohlkaserne in einen Standort mehrerer Schulen umzufunktionieren.

Die Besatzungstruppen stellten die beiden Schwesterstädte vor kaum lösbare Probleme. Ausschreitungen, Pressezensur und willkürliche Ausweisungen missliebiger Personen ins rechtsrheinische Reichsgebiet belasteten den Alltag der Bevölkerung vor allem während der ersten Hälfte der 1920er-Jahre in schwer erträglicher Weise. Hinzu kamen die Aktivitäten der von den Franzosen unterstützten Separatisten, die eine linksrheinische deutsche Republik anstrebten. Die 1923 als Spätfolge des Weltkriegs einsetzende Inflation traf die ohnehin schon spürbar geschwächte einheimische Industrie bis ins Mark. Wegen der herrschenden Geldknappheit war es Kommunen, Firmen und sonstigen Institutionen im Landesteil Birkenfeld erlaubt, eigenes Geld – allgemein als Notgeld bekannt – zu drucken und in Umlauf zu bringen.

Allen Schwierigkeiten zum Trotz ging das öffentliche Leben allmählich wieder seinen geregelten Gang. An der Gebietszugehörigkeit zu Oldenburg hatte sich nichts geändert. Regelmäßig fanden Gemeinderatswahlen statt. Mit Ernst Engel (1919–1924) und Otto Schmidt (1925–1933) in Idar und Ludwig Bergér (ab 1920) in Oberstein wählten die Nachbarstädte neue Bürgermeister. Auch das Vereinsleben überwand weitgehend die Kriegsfolgen, wobei die Leistung des Idarer Männer-Gesangvereins besondere Erwähnung verdient. Den Verlust ihres Übungslokals nahmen die Sänger zum Anlass, mit privaten Finanzmitteln eine neue Unterkunft, den Idarer Saalbau, als Veranstaltungsstätte für alle Vereine und Institutionen, zu errichten. Weitere herausragende Aktivitäten waren der Neubau der Obersteiner Turnhalle, die – später vehement kritisierte – Renovierung der Felsenkirche sowie die Instandsetzung der Synagoge. Auch an Ereignissen von überlokaler Bedeutung fehlte es nicht, wie der Ringer-Länderkampf Deutschland gegen Dänemark (1927), die Tagung des Reichsverbands Deutscher Juweliere (1928) oder der Flugtag auf dem Jahnplatz (1929) zeigten.

Große Erleichterung und Freude herrschten beim Abzug der französischen Besatzungstruppen im Juni 1930 und fanden ihren Ausdruck in ausgedehnten Befreiungsfeiern. Die von allen Schichten der Bevölkerung als Demütigung empfundene zwölfjährige Besatzungszeit gehörte endlich der Vergangenheit an.

Politisch waren die Jahre bis zu Hindenburgs Machtübergabe an Hitler im Birkenfelder Land voller Brisanz. Ausgelöst wurden die zunehmenden gesellschaftlichen Turbulenzen 1929 durch die von den USA verursachte Weltwirtschaftskrise, die die Schmuck- und Edelsteinbranche besonders stark beeinträchtigte. Die unzureichende soziale Absicherung der Beschäftigten löste allgemeine Armut mit weitreichenden Folgen aus. Zahlreiche Arbeiter gerieten in die Abhängigkeit der städtischen Erwerbslosenfürsorge und waren auf kommunale Notstandsarbeiten angewiesen. Aufgrund drastisch einbrechender Steuereinnahmen verarmten die vor dem Ersten Weltkrieg noch blühenden Städte Oberstein und Idar vollkommen und werden in einer im Stadtarchiv aufbewahrten Akte als „Armenhäuser der Nation“ bezeichnet.

Politische Folge des wirtschaftlichen und sozialen Abstiegs war der rasante Aufstieg radikaler Parteien, wobei im Landesteil Birkenfeld die NSDAP unter der Führung des rabiaten Kreisleiters Herbert Wild geradezu erdrutschartige Wahlergebnisse erzielte. Damit trug sie wesentlich dazu bei, dass Oldenburg im Frühsommer 1932 die erste nationalsozialistische Landesregierung Deutschlands erhielt.

Am 9. November 1918 rissen abends Militärangehörige, die vermutlich mit dem Zug aus Saarbrücken gekommen waren, Offizieren die Achselklappen ab, sammelten Seitengewehre ein und besetzten das Bahnhofsgebäude, das sie tags darauf schon wieder räumten. Bei so viel soldatischer Unbotmäßigkeit bezweifelte keiner mehr das Kriegsende.

Einen Tag später kam es in der Turnhalle zur Wahl eines Arbeiter- und Soldatenrats, der sich am 11. November in Edmund Köllners (im Bild mit Familie) Gaststätte in der Bahnhofstraße konstituierte.

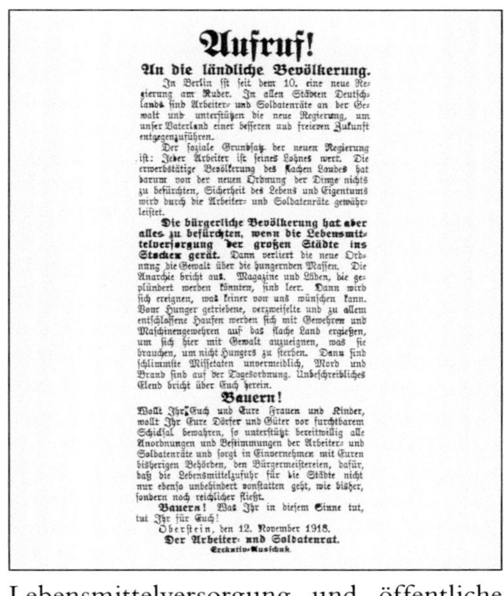

Aufruf!

An die ländliche Bevölkerung.

In Berlin ist seit dem 10. eine neue Regierung am Ruder. In allen Städten Deutschlands sind Arbeiter- und Soldatenräte an der Gewalt und unterstützen die neue Regierung, um unser Vaterland einer besseren und freieren Zukunft entgegenzuführen.

Der soziale Grundsatz der neuen Regierung ist: Jeder Arbeiter ist seines Lohnes wert. Die erwerbstätige Bevölkerung des flachen Landes hat darum von der neuen Ordnung der Dinge nichts zu befürchten, Sicherheit des Lebens und Eigentums wird durch die Arbeiter- und Soldatenräte gewährleistet.

Die bürgerliche Bevölkerung hat aber alles zu befürchten, wenn die Lebensmittelversorgung der großen Städte ins Stocken gerät. Dann verliert die neue Ordnung die Gewalt über die hungernden Massen. Die Anarchie bricht aus. Magazine und Läden, die geplündert werden könnten, sind leer. Dann wird sich ereignen, was keiner von uns wünschen kann. Vom Hunger getriebene, verzweifelte und zu allem entschlossene Haufen werden sich mit Gewehren und Maschinengewehren auf das flache Land ergießen, um sich hier mit Gewalt anzueignen, was sie brauchen, um nicht Hungers zu sterben. Dann sind schlimmste Missetaten unvermeidlich, Mord und Brand sind auf der Tagesordnung. Unbeschreibliches Elend bricht über Euch herein.

Bauern!

Wollt Ihr Euch und Eure Frauen und Kinder, wollt Ihr Eure Dörfer und Güter vor furchtbarem Schicksal bewahren, so unterstützt bereitwillig alle Anordnungen und Bestimmungen der Arbeiter- und Soldatenräte und sorgt in Einvernehmen mit Euren bisherigen Behörden, den Bürgermeistereien, dafür, daß die Lebensmittelzufuhr für die Städte nicht nur ebenso unbehindert vonstatten geht, wie bisher, sondern noch reichlicher fließt.

Bauern! Was Ihr in diesem Sinne tut, tut Ihr für Euch!

Oberstein, den 12. November 1918.

Der Arbeiter- und Soldatenrat.

Exekutiv-Ausschuß.

Lebensmittelversorgung und öffentliche Sicherheit standen im Mittelpunkt der Tätigkeit des Obersteiner Arbeiter- und Soldatenrats, wie der erste Aufruf vom 12. November verdeutlicht.

Sitzungsbericht
des Idarer Arbeiter- u. Soldatenrats vom 13.11.18

In der vom Idarer Arbeiterrat am 13.11.18 abends 8 Uhr in Korbs Saalbau einberufenen öffentlichen Versammlung wurde zur Wahl eines Soldatenrats geschritten. Durch Beschluß mit 2/3 der anwesenden Soldatenstimmen wurden in den Soldatenrat folgende Mitglieder gewählt: Hugo Görlitz, W. Kruel, Max Heringer, Walter Allekotte, Rudolf Biegel, Ludwig Ritter, Ed. Petry, Otto Wolf und W. Leyser u. Rudolf Fey. Zum Schluß der Versammlung wurde für den 14.11.18 Vormittags 9 Uhr die nächste Tagung des Soldatenrats im Zimmer Nr. 4 des alten Schulhauses anberaumt. In dieser Sitzung sollen gemeinschaftlich mit der Stadtverwaltung allernötigen Fragen besprochen werden.

Penibel hielt der Idarer Arbeiter- und Soldatenrat den Verlauf seiner Sitzungen fest (links). Er war mit vorheriger Zustimmung des Gemeinderats gewählt worden. Franz Haspel (rechts), Ölmüller und Erfinder, geriet als Vorsitzender des Obersteiner Arbeiter- und Soldatenrats früh mit der französischen Militärverwaltung in Konflikt und erhielt 1919 eine Haftstrafe.

Obersteiner
Neueste Nachrichten
Täglicher Anzeiger für das Fürstentum Birkenfeld u. die angrenzenden Bezirke
Idarer Tageblatt
General-Anzeiger für's Nahetal

Nr. 289. Oberstein, Montag, den 16. Dezember 1918. 32. Jahrgang.

Verlängerung des Waffenstillstands.

Der Waffenstillstandsvertrag räumte den Alliierten die militärische Besetzung des linksrheinischen Deutschlands ein. Anfang Dezember rückten daraufhin französische Truppen in Oberstein und Idar ein. Sie verlangten „strengsten Gehorsam" und zensierten die Presse, sodass Lokalzeitungen wiederholt mit weißen Flecken erschienen. Der Idarer Rechtsanwalt Walther Dörr, der als Delegierter zum Rätekongress nach Berlin fahren sollte, erhielt keine Ausreisegenehmigung. Damit war die Rätezeit an der Nahe nach wenigen Wochen beendet.

Großer Menschenauflauf beim Straßenkonzert vor den Post-Lichtspielen in der Obersteiner Hauptstraße. Für die französische Militärverwaltung eine heikle Situation, die es zu beobachten galt, wie sich an den Soldaten erkennen lässt, die vorne rechts in der Durchgangsschneise zu sehen sind.

Republique Française

Administration militaire de la province de Birkenfeld.

Arrêté.

Par modification à l'article 24 de l'arrêté du 1 décembre 1918 du général commandant l'armée, le salut aux officiers des armées françaises et alliées sera exigé à l'avenir de tout individu revêtu d'un uniforme.

Le présent arrêté entrera en vigueur à partir du 1 janvier 1919 inclus.

Birkenfeld, le 23 décembre 1918.

L'Aministrateur militaire
Commandant Bastiani.

Polizeiverordnung.

In Abänderung des Artikels 24 der Polizeiverordnung des kommandierenden Generals der Armee vom 1. Dezember 1918 wird in Zukunft verlangt, daß alle mit Uniform bekleideten männlichen Personen die Offiziere der französischen und alliierten Armeen zu grüßen haben.

Diese Verordnung tritt vom 1. Januar 1919 in Kraft.

Birkenfeld, den 23. Dezember 1918.

Der Militärverwalter.
Major Bastiani.

Vorstehende Verordnung ist unverzüglich in allen Gemeinden in ortsüblicher Weise bekannt zu geben. Abdrucke zum Aushang werden den Gemeindevorständen zugehen. Sie sind sofort nach Eingang auszuhängen.

Birkenfeld, den 23. Dezember 1918.

Regierung.
Pralle.

Gedemütigt durch die deutschen Annexionen nach dem Krieg von 1870/71, versuchte sich Major Bastiani (rechts) von 1918 bis 1921 als französischer Militärverwalter an der deutschen Bevölkerung zu revanchieren. Übergriffen und Gewalttaten seiner Soldaten trat er nur halbherzig entgegen. Bereitwillig ließ er Separatisten gewähren, die den Landesteil Birkenfeld von Deutschland abtrennen wollten.

Vor allem in der Anfangsphase demonstrierten die Besatzungstruppen ihre Macht, wie die Parade auf dem Idarer Marktplatz am französischen Nationalfeiertag 1919 zeigt (oben). Niemand durfte ohne Passagierschein (unten links) den Landesteil Birkenfeld verlassen. Der Reiseverkehr unterlag der Kontrolle durch französische Militärangehörige (unten rechts vor ihrem Soldatenheim in der Bahnhofstraße im Bereich der heutigen Otto-Decker-Straße).

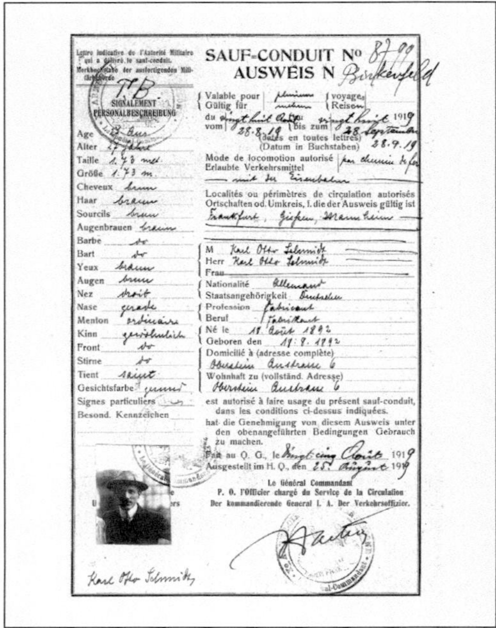

Lettre indicative de l'Autorité Militaire qui a délivré le sauf-conduit.
Merkbuchstabe der ausfertigenden Militärbehörde
T.B.

SAUF-CONDUIT No 8799
AUSWEIS N Birkenfeld

SIGNALEMENT
PERSONALBESCHREIBUNG

Age / Alter 27 Jahre
Taille / Größe 1.73 m.
Cheveux / Haar braun
Sourcils / Augenbrauen braun
Barbe / Bart do
Yeux / Augen braun
Nez droit / Nase gerade
Menton ordinaire / Kinn gewöhnlich
Front / Stirne do
Tient / Gesichtsfarbe gesund
Signes particuliers / Besond. Kennzeichen

Valable pour / Gültig für plusieurs / mehrere voyages / Reisen
du / vom 28.8.19 au / bis zum 28.9.19 1919
(dates en toutes lettres)
(Datum in Buchstaben)
Mode de locomotion autorisé / Erlaubte Verkehrsmittel par chemin de fer — mit der Eisenbahn
Localités ou périmètres de circulation autorisés / Ortschaften od. Umkreis, f. die der Ausweis gültig ist
Frankfurt, Gießen, Mannheim
M / Herr Karl Otto Schmidt
Frau
Nationalité Allemand / Staatsangehörigkeit Deutscher
Profession / Beruf Fabrikant
Né le 18 Août 1892 / Geboren den 18.8.1892
Domicilié à (adresse complète) Oberstein Austraße 6
Wohnhaft zu (vollständ. Adresse) Oberstein Austraße 6
est autorisé à faire usage du présent sauf-conduit, dans les conditions ci-dessus indiquées.
hat die Genehmigung von diesem Ausweis unter den obenangeführten Bedingungen Gebrauch zu machen.
Fait au Q. G., le vingt-cinq Août 1919
Ausgestellt im H. Q., den 25. August 1919

Le Général Commandant
P. O. l'Officier chargé du Service de la Circulation
Der kommandierende General I. A. Der Verkehrsoffizier.

Karl Otto Schmidt

Numéro de la Carte 137
Personal-Ausweis Nr
Number of card
Nom (1) Loch
Name (1)
Surname (1)
Prénoms August
Vornamen
Christian Name
Nationalité Oldenburg
Jetzige Staatsangehörigkeit
Nationality
Nationalité d'origine s'il y a lieu
Frühere Staatsangehörigkeit (eventuell)
Original nationality
Lieu et date de naissance Fischbach 12. XI. 02
Geburtsort und Geburtsdatum
Place and date of birth
Résidence (Localité — Rue — Numéro) Oberstein Kreuzgasse 14
(Jetziger) Wohnort (Gemeinde — Strasse — Nr)
Place of residence (Town or Village — Street — Number)
Domicile habituel
Gewöhnlicher Wohnort
Habitual residence
Profession Schlosser
Beruf
Profession serrurier
Signature du titulaire :
Eigenhändige Unterschrift der Inhabers :
Signature of holder :
August Loch

Délivrée par le maire d'Oberstein
Verantwortlicher Aussteller
Issued by
Date de la déclaration de domicile
Datum der Wohnortsmeldung
Date on wich résidence declared
A le 4 mars 1919
den
the
Le Maire :
Der Bürgermeister :
The Mayor :

VISA DE L'AUTORITÉ MILITAIRE
Bescheinigung der Militärbehörde
No 33921
Le 4 mars 1919

Besetztes Gebiet
Territoires occupés
Occupied territories

Observations. — La présente carte ne tient lieu de carte de circulation que dans le périmètre autorisé par le Général Commandant l'armée d'occupation. En cas de perte, le titulaire devra faire sa déclaration immédiate à l'autorité qui a délivré la carte, ou à l'autorité militaire la plus voisine. — La Communication est rigoureusement personnelle.
Bemerkungen. — Diese Karte gilt lediglich als Ausweis des Inhabers und darf nur in den vom Befehlshaber der Besatzungsarmee festgesetzten Bereich als Pass betrachtet werden. Der Verlust ist der ausstellenden oder naheren Militärbehörde sofort zu melden. — Strängstens persönlich.
Notice. — This card gives no travelling facilities, except in the area authorised

Alle Personen, die älter als 12 Jahre waren, mussten sich wie August Loch aus der Kreuzgasse eine carte d'identité (Personalausweis) ausstellen lassen.

Bekanntmachung.

Nachstehend werden die für die Wahl zur Landsvertretung am 26. Okt. 1819 eingereichten Wahlvorschläge in dem 5. Wahlbezirk (Stadtbürgermeisterei Oberstein) veröffentlicht.

A) Wahlvorschlag d. Vereinigt. Parteien:
(Sozialdemokratische Partei, Deutsche Demokratische Partei, Zentrum und Deutsche Volkspartei)

1. **Cullmann** Heinrich Ludwig, Geschäftsführer Oberstein,
2. **Schmelzer** Artur, Kaufmann, Oberstein,
3. **Saling** Peter, Goldschmied, Oberstein,
4. **Iffland** Friedrich Goldschmied, Oberstein
5. **Kirschmann** Jakob, Kommissionär, Oberstein,

B) Wahlvorschlag der Unabhängigen Soz. Dem. Partei:

1. **Weber** Jakob Johann, Mineralwasserfabrikant, Oberstein,
2. **Gö litz** Philipp, Putzer, Oberstein,
3. **Bendle** Valentin, Goldschmied, Oberstein.
4. **Schmidt** Julius, Wirt, Oberstein,
5. **Karla** Johann, Maler, Oberstein.

Oberstein, den 23. Oktober 1919.

Der Wahlkommissar.

1919 und 1923 riefen Separatisten die „Republik Birkenfeld" bzw. die „Rheinische Republik" aus. Daraufhin kam es 1919 zur Neuwahl des Landesausschusses, bei der sich – außer der USPD – alle an Oldenburg festhaltenden Parteien zu einer Liste vereinigten (links). Aufgebrachte Bürger stürmten 1923 das Idarer Rathaus (rechts, nach einer Grafik des Augenzeugen Hermann Becker-Rische) und entfernten die Flagge der „Rheinischen Republik".

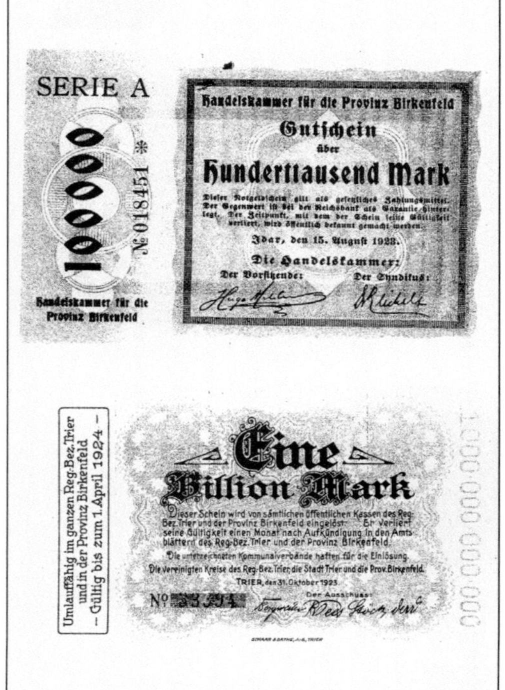

Das Kaiserreich hatte den Weltkrieg auf Pump finanziert. 1923 holte dies Deutschland ein. Der Staat stand bei den Bürgern, die mit Kriegsanleihen in Vorlage getreten waren, tief in der Kreide. Da sie in der Folge des Ruhrkampfs zudem streikende Eisenbahner bezahlen musste, erhöhte die Regierung einfach die Geldumlaufmenge und setzte eine Hyperinflation in Gang. Der Währungsverfall erreichte eine solche Geschwindigkeit, dass die staatliche Geldausgabe damit nicht mehr Schritt halten konnte. Deshalb durften Banken, Firmen und Kommunen eigenes Geld drucken. Hatte es noch 1921 Notgeld mit 10-Pfennig-Scheinen gegeben (oben), ließen nun Kommunalverbände, denen die Provinz Birkenfeld angehörte, Eine-Billion-Mark-Scheine drucken (links). Erst eine Währungsreform beendete die Hyperinflation.

Ermuntert durch das Vorgehen ihrer Landsleute im Ruhrgebiet, erhöhten die Franzosen 1923 den Druck auf die Bevölkerung und wiesen 25 Obersteiner und Idarer aus dem linksrheinischen Gebiet aus, unter ihnen Heinrich Ludwig (Louis) Cullmann (oben), den Vorsitzenden des Landesausschusses und Leiter des städtischen Arbeitsnachweises. Ihm warf die französische Militärverwaltung vor, mit öffentlichen Mitteln die im Ausstand befindlichen Eisenbahner unterstützt zu haben. Neben Reichsbahnbediensteten trafen die Ausweisungen auch Stadtbürgermeister Bergér und mehrere Kommunalbeamte, was den Gemeinderat zu Protesten veranlasste, die jedoch ohne jede Wirkung blieben. Acht Personen mussten vor ihrer Ausweisung erst noch Gefängnisstrafen verbüßen.

Sprechende Zahlen

Besatzungsleid

Ausweisungen.

1. Berger Ludwig, Stadtbürgermeister, am 26. 2. 1923.
2. Schwarz Heinz, Stadtsyndikus, am 26. 2. 1923.
3. Heyer Oskar, Stadtinspektor, am 15. 3. 1923.
4. Rudat, Zollsekretär, am 4. 4. 23.
5. Steffens, Oberzollsekretär, am 23. 4. 1923.
6. Autenrieb, Zollsekretär, am 23. 4. 1923.
7. Everling Richard, Gewerkschaftssekretär, am 19. 6. 1923.
8. Kleiner Otto, Eisenbahnsekretär, am 8. 8. 1923.
9. Kirsch Hugo, Eisenbahnschlosser, am 22. 6. 1923.
10. Bender Reinh., Eisenbahnschlosser, am 22. 6. 1923.
11. Endorff Heinrich, Eisenbahnschlosser, am 22. 6. 1923.
12. Weber Hermann, Eisenbahnschlosser, am 22. 6. 1923.
13. Schug Philipp, Eisenbahnschlosser, am 22. 6. 1923.
14. Hohlreiter Hugo, Eisenbahn-Angestellter, am 8. 9. 1923.
15. Cullmann Ludwig, Geschäftsführer, am 26. 10. 1923.
16. Michels Heinrich, Oberinspektor, am 26. 10. 1923.
17. Janssen Julius, Gerichtsvollzieher, am 26. 10. 1923.
18. Janssen Karl, Oberamtsrichter, am 26. 10. 1923.
19. Hohlbein Walter, Gasdirektor, am 26. 10. 1923.
20. Graeser Adolf, Studienrat, am 26. 10. 1923.
21. Dr. Fischer Kurt, Studienrat, am 26. 10. 1923.
22. Dr. Münscher Albert, Studienrat, am 26. 10. 1923.
23. Zuschlag Ernst, Verwaltungsgehilfe, am 26. 10. 1923.
24. Dudeck Wilhelm, Reichsbankbeamter, am 12. 3. 1924.
25. Herrmann Fritz, Vorsteher der Reichsvermögensstelle.

Gefängnisstrafen während des passiven Widerstandes.

1. Dudeck Wilhelm, Reichsbankbeamter, 6 Monate Gefängnis.
2. Zuschlag Ernst, Verwaltungsgehilfe, 3 Monate Gefängnis.
3. Fuchs, Eisenbahnschlosser, 6 Monate Gefängnis.
4. Everling Richard, Gewerkschaftssekretär, 1 Monat Gefängnis.
5. Kirsch Hugo, Eisenbahnschlosser, 6 Monate Gefängnis.
6. Bender Reinh., Eisenbahnschlosser, 6 Monate Gefängnis.
7. Endorff Heinrich, Eisenbahnschlosser, 6 Monate Gefängnis.
8. Weber Hermann, Eisenbahnschlosser, 6 Monate Gefängnis.
9. Schug Philipp, Eisenbahnschlosser, 6 Monate Gefängnis.

1906 hatte Oberstein bereits sein Stadtwappen genehmigen lassen. 1923 zog Idar nach. In beiden Städten wurden anschließend briefmarkenähnliche Aufkleber zu Werbezwecken eingesetzt.

Von 1919 bis 1924 war Dr. Ernst Engel (1871–1929, links) Idars Stadtbürgermeister. Ein Jahr nach seiner Wahl übernahm in Oberstein Ludwig Bergér (1887–1975, rechts) das Bürgermeisteramt, das er auch nach der Zusammenlegung beider Städte bis 1945 unter den Nationalsozialisten innehatte.

Volk wehre Dich!

Demonstriert

heute Abend 5 Uhr in Oberstein auf dem Marktplatz

Prof. Dr. Sinzheimer-Frankfurt spricht.

Demonstriert in Massen!

Während der Weimarer Zeit ereigneten sich in Deutschland mehr als 500 politische Morde. Meist waren Rechtsradikale die Täter, die, wie im Falle des 1931 in Oberstein ermordeten Reichsbannermannes Wilhelm Knau, nur milde Strafen erhielten. Als am 24. Juni 1922 auch Außenminister Walter Rathenau einem Attentat zum Opfer fiel, demonstrierten an der Nahe die Parteien gemeinsam gegen rechte Gewaltpolitik. Auf dem Obersteiner Marktplatz sprach Prof. Hugo Sinzheimer, der „Vater des deutschen Arbeitsrechts“ (siehe Anzeige des Nahetal-Boten vom 26. Juni 1922).

Revolutionsfeier

der S.P.D. Oberstein

am

Mittwoch, den 9. Nov.,

abends 8 Uhr im „Felsenkeller“.

Programmfolge.

1. Männerchor
2. Prolog
3. Festansprache
4. Musikvortrag (Zither u. Geige)
5. Rezitationen
6. Gemischter Chor
7. Männerchor
8. Rezitationen
9. Musikvortrag (Zither u. Geige)
10. Damenchor
11. Männerchor.

Mitwirkende sind:
Arbeiter-Gesangverein „Vorwärts“ (Männer-, Gemischter u. Damenchor), Herr Fränkl (Geige), Herr Görlitz (Zither), Herr Robert Kirschmann (Rezitationen), Redakteur Drouvé (Festansprache).

Eintritt 1.— Mk.
bei Verabfolgung eines Bändchens in den Farben der deutschen Republik.

Arbeiter, Angestellte und Beamte, Männer und Frauen! Feiert das Gedenken der Revolution, den Tag der Arbeit!

Nehmt teil an der Revolutionsfeier!

In Oberstein und Idar schwand früh der Rückhalt für die Parteien, die in der Weimarer Nationalversammlung eine respektable Verfassung ausgearbeitet hatten. Ende 1921 berichtete der Nahetal-Bote über eine völkische Jugendgruppe, die durch Oberstein gezogen war und auf dem Schloss die Hakenkreuzfahne hisste. Völkische Parteien und Nazis auf der einen Seite sowie Kommunisten auf der anderen Seite bekämpften rücksichtslos die Republik. Demgegenüber demonstrierten die Sozialdemokraten mit jährlichen Revolutionsfeiern ihre Verfassungstreue (siehe Anzeige aus dem Nahetal-Boten vom 9. November 1921).

Den Verlust seines beschlagnahmten Übungslokals kompensierte der Idarer Männer-Gesangverein 1921 durch die Errichtung des Saalbaus. Sponsoren und der Verkauf von Schuldscheinen sicherten die Finanzierung der Halle (hier von der Hauptstraße aus gesehen), die jahrzehntelang zahllosen Veranstaltern eine angemessene Bühne bot.

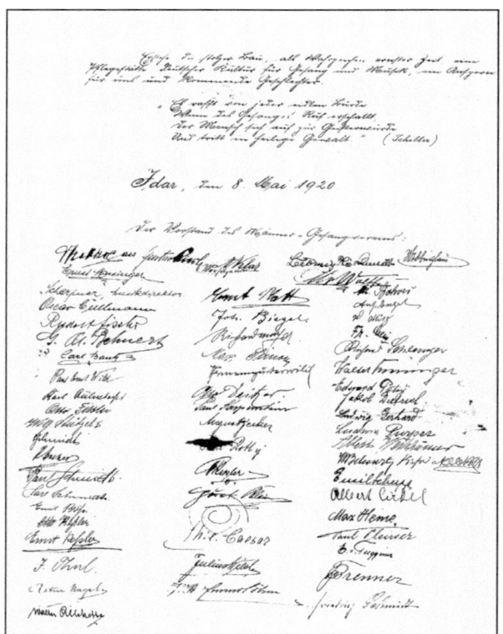

(Schiller)

Idar, den 8. Mai 1920

Auf der Gründungsurkunde (links) verewigten sich 1920 unter einem Schiller-Zitat der Vorstand, der Musikdirektor und ein Großteil der Sänger. Von der Mainzer Straße aus (rechts) gelangten die Gäste in die Wirtschaft „Zur Lampe“.

Die spartanischen Anfänge der Kaiserzeit hatte das Kammerwoogbad nach 1920 längst hinter sich gelassen. Die hölzernen Umkleidehütten wurden immer größer. An seinem Kiosk bot Kaufmanns Knippche Erfrischungen an und sorgte zugleich als Bademeister für die Sicherheit der Gäste. 27 Personen soll er während seiner Tätigkeit vor dem Ertrinken gerettet haben.

Aufbauend auf den Vermittlungserfolgen der Kriegszeit richtete die Stadtverwaltung 1921 im einstigen Hotel Grimmeisen bzw. Zentral in der Bahnhofstraße (links) einen Arbeitsnachweis ein, den Vorläufer des späteren Arbeitsamts. Auf der Hohl entstand für die Besatzungstruppen eine Kaserne (rechts), die jedoch nie von den Franzosen bezogen wurde und deshalb als Ersatz für die militärisch beanspruchten Schulen herhalten musste.

Dank seines Frankfurter Studienkollegen Adolf Scherpner gastierte Paul Hindemith zwischen 1920 und 1924 mehrmals in Idar. 1924 gab er in der Aula der Volksschule ein Konzert mit dem weltberühmten Amar-Quartett (von links: Maurits Frank, Licco Amar, Walter Caspar und Paul Hindemith), bei dem auch sein Streichquartett No. 3, op. 22 gespielt wurde.

Anlässlich des 45. Stiftungsfests durfte der Idarer Männergesangverein Germania im Juli 1926 das erste Bezirksfest des Bezirks I des Rhein-Nahe-Sängerbunds ausrichten und ließ dabei auf der Dietzenwiese einen Massenchor auftreten.

Der schlechte Zustand der „Chossi" zwischen Oberstein und Idar war lange Jahre ein Ärgernis für alle Passanten gewesen, die zwischen den Nachbarstädten hin und her pendeln mussten. 1924 kam es endlich zum Ausbau der oberen Hauptstraße (hier im Bereich der heutigen Abzweigung in die Georg-Maus-Straße).

Wie arbeitsintensiv der Straußenbau in der Weimarer Zeit war, zeigt diese Kolonne, die ebenfalls Mitte der 1920er-Jahre in Oberstein tätig war und die Bismarckstraße (heute Friedrich-Ebert-Ring) zwischen Treibelsberg und Hohlstraße ausbaute.

Beim Blick von der Alten Burg wird erkennbar, wie kahl die Hohl Anfang der 1920er-Jahre war. Da die Wohnbebauung an der Nahe kaum noch eine weitere Verdichtung zuließ, versuchte der Gemeinderat durch die Erschließung von Struth, Finsterheck und Hohl der Wohnungsnot entgegenzuwirken.

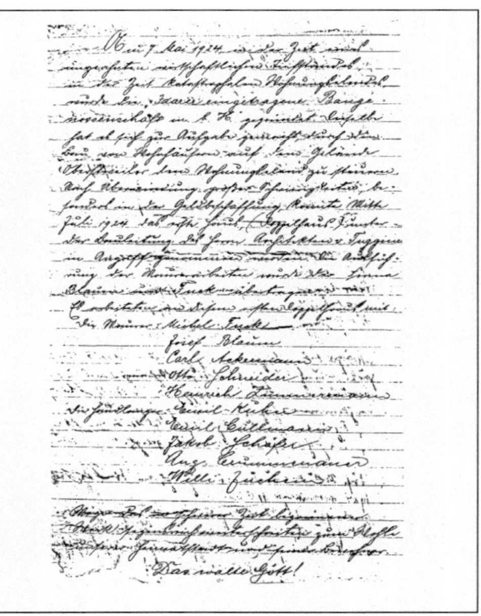

Am 7. Mai 1924 in der Zeit eines ungeahnten wirtschaftlichen Tiefstandes, in der Zeit katastrophalen Wohnungselendes wurde die „Idarer eingetragene Baugenossenschaft m. b. H." gegründet. Dieselbe hat es sich zur Aufgabe gemacht, durch den Bau von Wohnhäusern auf dem Gelände Oberstweiler dem Wohnungselend zu steuern. Nach Überwindung großer Schwierigkeiten, besonders in der Geldbeschaffung, konnte Mitte Juli 1924 das erste Haus (Doppelhaus) unter der Bauleitung des Herrn Architekten [illegible] in Angriff genommen werden. Die Ausführung der Maurerarbeiten wurde der Firma Blaum und Fuck übertragen.
Es arbeiteten an diesem ersten Doppelhaus mit
die Maurer: Michel Fuck
Josef Blaum
Carl Ackermann
Otto Schneider
Heinrich Zimmermann
die Handlanger: Emil Kuhn
Emil Cullmann
Jakob Schäfer
Aug. Zimmermann
Willi Fuchs

Möge das in schwerer Zeit begonnene Werk [illegible] zum Wohle unserer Heimatstadt und [illegible].
Das walte Gott!

Eine moderne Betonbrücke (links) ermöglichte nach 1921 die zügige Bebauung der Struthkolonie 1924. „In der Zeit katastrophalen Wohnungselendes", so der Text einer im Haus Oberstweiler 11 gefundenen Urkunde, wurde endlich auch in Idar eine Baugenossenschaft gegründet, die spürbar die Wohnungsnot linderte.

Obwohl die Obersteiner Baugenossenschaft auf der Struth innerhalb weniger Jahre mehr als 20 Wohnhäuser errichtete, führte nicht einmal diese Kraftanstrengung zu einer ausreichenden Wohnraumversorgung. Deshalb mussten zusätzlich zwölf Eisenbahnwaggons (im Bild links) aufgestellt und als Wohnungen genutzt werden.

Die Waggonwohnungen (hier aus der Nähe gesehen) stellten keineswegs nur eine kurzfristige Übergangslösung dar, sondern wurden etliche Jahre gebraucht.

Am 13. Oktober 1928 weihte der TV 1848 Oberstein, dort wo in der Wilhelmstraße die alte Turnhalle gestanden hatte, seine repräsentative Turn- und Festhalle ein. Die nach einer Bauzeit von elf Monaten fertiggestellte Halle kostete 360.000 Mark und blieb bis in die 1990er-Jahre ein beliebter Ort für sportliche und kulturelle Veranstaltungen.

Für fußballerische Glanzpunkte sorgte in der Weimarer Zeit der 1. FC 07 Idar, der auf dem Klotz dem mehrfachen Deutschen Meister 1. FC Nürnberg Mitte der 1920er-Jahre nur 2:4 unterlag. Einen 5:2-Erfolg feierten die Idarer Anfang der 1930er-Jahre mit Hugo Meng (Achter von links) und seinem Cousin Erich (Zehnter von links) auf dem Betzenberg gegen den 1. FC Kaiserslautern.

1927 besiegte bei einem Länderkampf der Ringer in der Obersteiner Athletenhalle die deutsche Auswahl ihre dänischen Gegner 6:1 (siehe oben). Mit Karl Märker kämpfte in der deutschen Mannschaft ein Lokalmatador. Zu jener Zeit galt die Halle des Obersteiner Athleten-Clubs als Deutschlands größte Schwerathletik-Wettkampfstätte. Die Ringer und Gewichtheber um die Europameister Otto Erlemeyer, Ernst Bräun und Max Loch gehörten zu den erfolgreichsten Sportlern ihres Metiers, denen lediglich die Teilnahme an Olympischen Spielen versagt blieb. Anfang der 1930er-Jahre lag die Mitgliederzahl des ACO über 1.000.

Wenige Wochen vor dem Abzug der französischen Besatzungssoldaten kam es in der Athletenhalle zum Städte-Ringkampf gegen Paris, den die Obersteiner Sportler mit 12:8 für sich entschieden (rechts die Veranstaltungsanzeige aus dem Nahetal-Boten vom 26. April 1930). Anderthalb Jahre nach diesem Prestigeerfolg musste der Verein in der Folge der Weltwirtschaftskrise Konkurs anmelden und das Eigentum an seiner in der Schönlautenbach gelegenen Halle aufgeben.

Bis 1780 lässt sich die Obersteiner Synagogengeschichte zurückverfolgen. Nachdem 1876 auf der Au anstelle des alten Bethauses eine neue Synagoge gebaut wurde, stieg die Zahl der Juden in Oberstein und Idar bis 1910 auf 192 an. Zum 50. Jubiläum des Gotteshauses begannen 1926 tief greifende Renovierungsarbeiten, die ein Jahr später beendet waren.

Wegen massiver Feuchtigkeitsprobleme wurde die Felsenkirche von 1927 bis 1929 unter der Aufsicht des Darmstädter Architekten Wilhelm Heilig saniert. Dem Zeitgeist entsprechend, griff der Architekt über die Sanierungszwänge hinaus in die Bausubstanz ein und nahm zum Teil erhebliche Änderungen vor. Der Turm erhielt einen sehr spitzen, geknickten Helm und der ursprünglich nur vom Schiff aus zugängliche Sakristeibau einen Zugang von außen. Heiligs Umgestaltungen verliehen der Felsenkirche eine eigene Qualität, stießen aber auf heftige Kritik.

Eine der größten Massenveranstaltungen der 1920er-Jahre war das deutsch-amerikanische Turnfest, das 1928 mit einem Umzug von der unteren Hauptstraße bis zum Jahnplatz eingeleitet wurde. Begleitet von zwei Vereinskameraden führte der bekannte Radsportler Carl Hahn (hier in Höhe des Marktplatzes) das Banner der Radler mit.

Ebenfalls auf dem Jahnplatz fand eine andere Massenveranstaltung statt. Das Kasseler Flugzeugunternehmen Raab-Katzenstein, zu dessen Team der deutsche Kunstflugmeister Gerhard Fieseler gehörte, veranstaltete am 15. September 1929 auf dem Plateau über der Stadt einen Flugtag, der mehrere Tausend Schaulustige anzog und über moderne Flugtechnik staunen ließ.

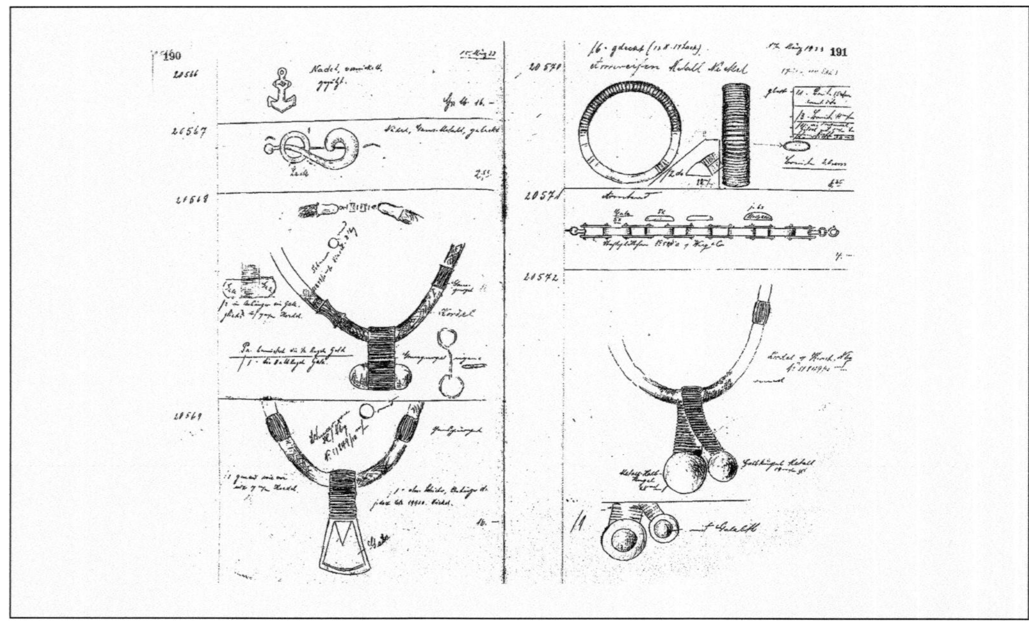

Trotz einiger Konjunktureinbrüche feierten Firmen wie Jakob Bengel (hier ein Blick in eines der Musterbücher) und Gebrüder Stern mit Art-Déco-Schmuck auf dem Weltmarkt beachtliche Erfolge und waren vor allem in Paris und Mailand viel gefragt.

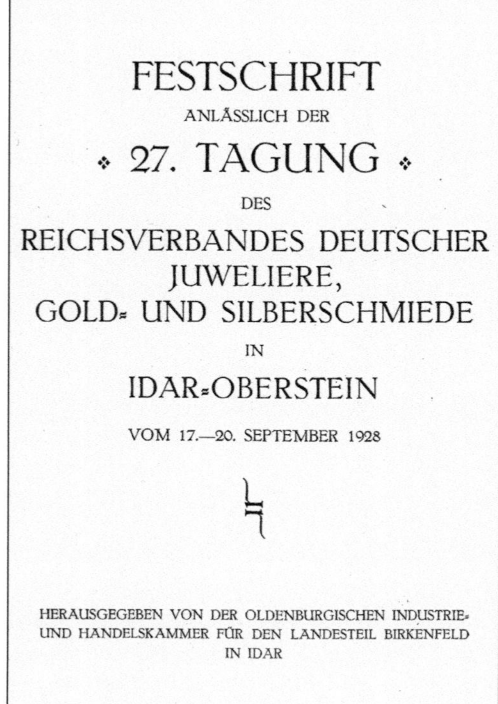

FESTSCHRIFT

ANLÄSSLICH DER

❖ 27. TAGUNG ❖

DES

REICHSVERBANDES DEUTSCHER JUWELIERE, GOLD- UND SILBERSCHMIEDE

IN

IDAR-OBERSTEIN

VOM 17.—20. SEPTEMBER 1928

HERAUSGEGEBEN VON DER OLDENBURGISCHEN INDUSTRIE- UND HANDELSKAMMER FÜR DEN LANDESTEIL BIRKENFELD IN IDAR

Günstiger hätte der Zeitpunkt für eine Tagung des Reichsverbandes Deutscher Juweliere, Gold- und Silberschmiede in Idar-Oberstein kaum sein können. Als sich die extrem konjunkturabhängige Branche 1928 an der oberen Nahe traf, war der Höhepunkt der vermeintlich „Goldenen Zwanziger" erreicht. Abklingende Kriegsfolgen und die Überwindung der Hyperinflation brachten die Produktion werthaltiger Konsumgüter in Gang.

Umso härter traf die Weltwirtschaftskrise von 1929 die Schmuck- und Edelsteinindustrie. Schlagartig brachen Inlandsnachfrage und Export ein. Dies stellte zahlreiche Unternehmen vor existenzielle Probleme. Die 1906 gegründete Schmuckfirma Münster, Fritsch & Hartheimer (im Bild ein Teil ihrer Belegschaft) musste 1931 Konkurs beantragen.

Kölnische Zeitung 22/4. 1930

Ungünstige Lage der Diamantenschleifereien

Die Diamantschleifindustrie des Industriebezirks **Idar** hat in der letzten Zeit unter den außerordentlichen Schwierigkeiten des internationalen Diamantmarkts schwer gelitten. Die Arbeitseinschränkungen auf dem **Amsterdamer** und **Antwerpener** Markt sowie die Arbeitszeitverkürzungen in diesen Betrieben haben auf die Idarer Schleifindustrie, insbesondere auf die Lohnschleifindustrie, stark zurückgewirkt. Eine Anzahl Unternehmungen haben ihre Betriebe stillgelegt, andre mußten Kurzarbeit einführen. Eine weitere Hemmung der Produktion ist in den letzten Wochen durch die Verminderung des Absatzes nach **Indien** entstanden. Die indischen Käufer üben wegen der gespannten innerpolitischen Verhältnisse in Indien, die infolge der englandfeindlichen Bewegung entstanden ist, stärkste Zurückhaltung in der Erteilung von Aufträgen. — **Auch in Hanau**, woselbst die Diamantschleifindustrie ebenso wie in Idar stark vertreten ist, hat die Krise in der Diamantindustrie erneut ungünstig auf die Beschäftigung der Diamantschleifereien gewirkt. Das Arbeitsamt Hanau meldet den Zugang von 126 erwerbslos gewordenen Diamantschleifern.

Am 22. April 1930 berichtete die Kölnische Zeitung, eine der größten überregionalen Zeitungen der Weimarer Zeit, über die wirtschaftlichen Schwierigkeiten der Idarer Diamantindustrie, die zu Betriebsstilllegungen und Kurzarbeit führten.

Noch einmal demonstrierten die französischen Besatzungstruppen am 30. Juni 1930 in den Obersteiner und Idarer Straßen ihre Stärke (links), dann standen die Zeichen auf Abschied. Auf dem Bahnsteig des Obersteiner Bahnhofs überwachten Offiziere die Abreise der französischen Truppen (rechts). Endlich gehörte die Besatzungszeit, die immer wieder von Zusammenstößen zwischen Soldaten und Zivilisten überlagert war, der Vergangenheit an.

In der Wirtschaft Gettmann (heute Schloßschenke) gebärdeten sich am 29. 1. 22 nach einem Gelage eine Anzahl Soldaten wie Wilde, indem sie, vielleicht weil sie nicht beachtet wurden, die anwesenden heimischen Gäste mit den gezogenen Seitengewehren bedrohten. Einer, der am meisten Aufsehen erregenden Fälle ereignete sich am 22. 2. 22. An diesem Tage wurde der frühere Hotelier Hildebrand in Begleitung seiner damaligen Braut und Schwägerin auf dem Nachhausewege von einem Rudel Soldaten angefallen und ohne weiteres mit allen erreichbaren Gegenständen, wie Knüppeln, Latten und Bajonetten, französische Kultur gelehrt in einer Weise, daß sie sehr schwere Verletzungen davontrugen; Hildebrand wurde außerdem noch durch zwei Bajonettstiche übel zugerichtet. Am gleichen Tage wurde wiederum auf mehrere Zivilisten scharf geschossen; andere wurden körperlich mißhandelt, einer erhielt einen Schlag mit einer vollen Weinflasche über den Kopf. Daß die traurigen Helden französischer Nation nicht einmal vor Angehörigen ihrer Verbündeten halt machten, zeigt ein Vorfall am 15. 1. 23, bei dem etwa 20 französische Soldaten über den englischen Geschäftsmann Max Cohen aus London, der geschäftlich hier weilte, herfielen, ihm mit Faustschlägen arg mißhandelten und ihm seinen Ueberzieher in Stücke rissen.

Minutiös schilderten die Neuesten Nachrichten – von jahrelanger Zensur befreit – in einer Sonderbeilage vom 1. Juli 1930 die Gewalttätigkeiten französischer Soldaten während der Besatzungszeit (links ein Auszug davon) und wiesen dabei auch auf sexuelle Übergriffe hin. Unerwähnt – weil ein öffentliches Tabuthema – blieben hingegen Liebesbeziehungen zwischen einheimischen Frauen und französischen Soldaten. Entsetzliche Folgen hatte seine Abstammung für einen Obersteiner Jungen aus der Arbeitersportbewegung. Weil sein Vater ein schwarzer Besatzungssoldat war, galt der jugendliche Athlet in der NS-Terminologie als „Rheinlandbastard“ und wurde 1937, wie reichsweit etwa 400 andere Kinder gleicher Herkunft, im Rahmen eines „rassehygienischen Sonderprogramms“ der Nazis zwangssterilisiert.

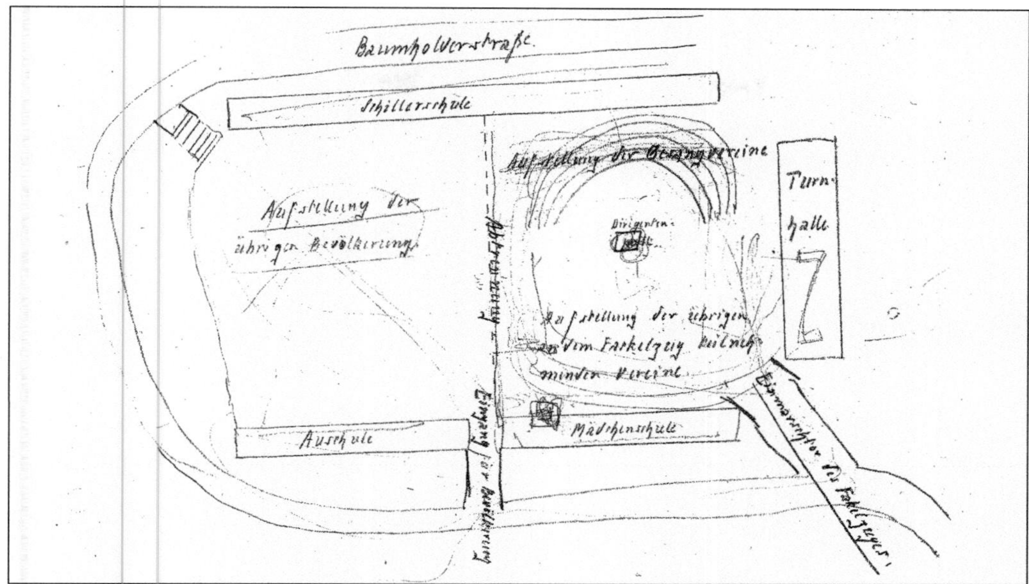

Anhand von Bleistiftskizzen plante Stadtbürgermeister Bergér wochenlang mit fast allen ortsansässigen Vereinen und Organisationen die lokale Befreiungsfeier. Wenn auch die zentrale Kundgebung an den Hohlschulen stattfand, erstreckten sich Umzüge und Fackelmarsch auf die ganze Innenstadt.

Obersteiner!

Um den umlaufenden Gerüchten, insbesondere der heutigen, die Stadtverwaltung völlig überraschende Veröffentlichung im „Nahetalboten" entgegen zu treten, erkläre ich hiermit, daß die Stadtverwaltung von Veranstaltungen, die **nach** der Befreiungsfeier stattfinden, erst durch die Presse Kenntnis bekommen hat. Alle diese Veranstaltungen haben selbstverständlich mit der von der Stadt Oberstein, im Einvernehmen mit allen Parteien des Gemeinderats, festgelegten

überparteilichen Befreiungsfeier

nichts zu tun, wie dies auch von allen Seiten anerkannt werden mußte. Laßt Euch die Freude nicht verderben! Beteiligt Euch deshalb restlos am Fackelzug und an der überparteilichen Feier auf der Hohl.

Oberstein, den 30. Juni 1930.

Der Stadtbürgermeister:
Bergér.

Buch- u. Kunstdruckerei C. G. Kaiser, vorm. H. Sievert, Oberstein

Für alle beteiligten Gruppen wurde ein detaillierter Programmablauf ausgearbeitet. Deshalb ärgerte sich der Stadtbürgermeister, als er von weiteren Befreiungsfeiern erfuhr. Der Abzug der Franzosen sollte von der gesamten Bevölkerung als kommunales Gemeinschaftserlebnis wahrgenommen werden.

Kaum war das französische Militär abgezogen, bestimmten andere Uniformen das Straßenbild: 1931 veranstaltete die NSDAP in Idar und Oberstein ihren Gauparteitag. Auch hierbei kam es zu Gewalttätigkeiten. Bei der strafrechtlichen Aufarbeitung der SA-Übergriffe gelangte das Obersteiner Amtsgericht zu außerordentlich milden Urteilen.

Nazi-Aufmarsch trotz Umzugs-Verbot

Nazi-„Strafexpedition“ nach Nahbollenbach.

Kürzlich wollten die Nazis in Nahbollenbach eine Versammlung abhalten. Dabei wurden sie belehrt, daß man kein Interesse an ihren Hetzreden hat. Die Bevölkerung von Nahbollenbach quittierte vom Anfang der „Rede“ Herbert Wilds jede seiner Unwahrheiten mit Protestrufen. — Darauf zogen die Nazis unverrichteter Dinge ab, voll Wut, daß sogar die mehr als hundert SA.- und SS.-Leute keine Versammlung „erzwingen“ konnten.

Gestern erfolgte nunmehr die „Strafexpedition“ nach Nahbollenbach. — Anläßlich einer in Weierbach abzuhaltenden Nazi-Versammlung holten diese von Oberstein, Idar, aus Hochwalddörfern und aus Mambächel über 400 SA.- und SS.-Leute heran, die in verschiedenen geschlossenen Zügen mit Stöcken und Knüppeln bewaffnet (und nicht zu vergessen: mit Sing-Sang) dahermarschierten. Ob die Birkenfelder und preußische Polizei von den Dingen nichts wußte. Jedenfalls machten die Nazis vor aller Oeffentlichkeit ihre Aufzüge.

Und in Nahbollenbach jagten sie die Menschen, die da vereinzelt auf der Straße waren, vor sich her. Sie erstiegen den Bahndamm und warfen mit Schottersteinen auf Straßenpassanten und auf die Dächer und nach den Fenstern der Häuser. Es war ein ganz tolles Treiben. — Eine beispiellose Erregung bemächtigte sich der Bevölkerung, die hier dem Terror der Nazi-Banditen ausgeliefert war. — Kein Mensch durfte sich auf die Straße wagen und selbst in den Wohnungen war kein Mensch sicher. So flogen ein paar schwere Steine in den Hausflur von Greber . . .

In Weierbach besetzten die Nazis gleich den Saal, sodaß nur vereinzelte Ortseinwohner hineinkamen. Und diese hatte man so eingekeilt, daß keiner auch nur mit einer Miene seine Ablehnung gegenüber dem Gerede Wilds ausdrücken durfte, ohne Gefahr zu laufen, in Klumpen gehauen zu werden.

*

Wir fragen: Was gedenken die Behörden hier und dort zu tun, um Aufmärsche bewaffneter Nazi-Horden zu unterbinden und Ruhe und Sicherheit der Einwohnerschaft friedlicher Dörfer zu garantieren?

*

Holzerei in Oberstein.

Gestern nachmittag und abend kam es in Oberstein (auch in der Nähe des Arbeitsamts) verschiedentlich zwischen Nazis und Kommunisten zu Schlägereien, die sehr blutig verliefen. — Hierbei fielen die Nazis jeden an, der sich nicht zu ihnen zählte. Besonders tat sich hierbei der SA.-Mann Hans Kaufmann hervor, der Leute anrempelte und bedrohte. — Die Polizei konnte schließlich die Ruhe wieder herstellen.

Die ganze Gewalt, die die NSDAP schon vor 1933 unter weitgehender Duldung der Behörden ausübte, verdeutlicht dieser Artikel des Nahetal-Boten vom 5. März 1932. Kurz danach ernannte die Oldenburger NS-Regierung 75 Idarer SA-Angehörige zu Hilfspolizisten. Einzige Auflage: Die „neutralen“ Ordnungskräfte mussten formal die NSDAP verlassen, was sie nicht hinderte, bei ihren Einsätzen Lobgesänge auf Adolf Hitler anzustimmen.

Ortsgruppen der paramilitärischen Kampfverbände: Stahlhelm Idar – Bund der Frontsoldaten (oben links), Kleiner Spielmannszug des Idarer Kyffhäuserbunds (oben rechts), Obersteiner Reichsbanner Schwarz-Rot-Gold (unten links) und Idarer SA (unten rechts).

Der Rotfrontkämpferbund der KPD (rechts mit Schalmeienchor in der Genossenschaftsstraße) wurde im Mai 1929 verboten. Dagegen galt in der Weimarer Schlussphase für alle anderen Organisationen nur ein Uniformverbot, das SA und NSDAP jedoch sanktionslos missachteten. Die nationalsozialistischen Gemeinderäte erschienen sogar uniformiert zu Ratssitzungen, was Bürgermeister Bergér überging, indem er erklärte, für ihn stelle die Bekleidung der NSDAP-Räte keine Uniform dar. Da auch die Justiz auf dem rechten Auge blind war, stützten sich die Parteien weitgehend auf eigenen politischen „Saalschutz".

Bedingt durch die Weltwirtschaftskrise, war 1932 reichsweit die Zahl der Arbeitslosen auf 5,4 Millionen angestiegen (für Oberstein und Idar liegen keine Einzeldaten vor). Kommunale Notstandsmaßnahmen, die den Kanal- und Straßenbau betrafen, sollten neue Arbeitsplätze schaffen. Zudem organisierten Oberstein und Idar einen freiwilligen Arbeitsdienst.

V e r t r a g

zwischen der Stadtgemeinde IDAR und der Gemeinde TIEFENSTEIN über die Eingemeindung TIEFENSTEINS.

Zwischen
der Stadtgemeinde Idar, vertreten durch ihren Bürgermeister und 2 vom Gemeinderat hierzu gewählten Mitgliedern
und
der Gemeinde Tiefenstein, vertreten durch Ihren Schöffen und 2 vom Gemeinderat hierzu gewählten Mitgliedern
wurde heute auf Grund der Beschlüsse der beiderseitigen Gemeinderäte und zwar für die Gemeinde Idar vom 28. Februar 193o und 2o. März 193o
für die Gemeinde Tiefenstein vom 27. Februar 193o und 21. März 193o folgender Vertrag
abgeschlossen.

§ 1.

Die Gemeinde Tiefenstein wird als selbständige Gemeinde aufgehoben und ihr Gemeindebezirk demjenigen der Stadtgemeinde Idar eingefügt.

Beide Gemeinden beantragen den Erlass eines entsprechenden Gesetzes gem. Art. 9 und 1o der Gemeindeordnung für den Landesteil Birkenfeld.

§ 2.

Die Stadtgemeinde Idar verpflichtet sich, nach Erlass des in § 1 Abs. 2 beantragten Gesetzes den Bau und Betrieb einer elektrischen Strassenbahn von Idar bis zur Wirtschaft Wagner in Tiefenstein auf der jetzigen Idartalstrasse durch die Oberstein-Idarer Elektrizitäts-Aktien-Gesellschaft (im folgenden O.I.E.A.G. genannt) herbeizuführen. Sie wird die Erfüllung dieser Verpflichtung durch besonderen Vertrag mit der O.I.E.A.G. sichern.

1930 gelang Idar eine erhebliche finanzielle Besserstellung: Nach ausgiebigen Verhandlungen beschlossen die Gemeinderäte von Idar und Tiefenstein die Vereinigung ihrer Kommunen. Im Vergleich zu Oberstein wurde Idar durch den Gewinn eines steuerkräftigen Stadtteils spürbar gestärkt. Tiefenstein ließ sich dafür den Ausbau seiner Infrastruktur zusichern.

Aus dem „Dritte Reesch!“
Licht aus — Messer raus . .!

Gemeinderatssitzung in Idar unter Polizeischutz.

Nazi Wild ohrfeigt den Kommunisten Fieber. — Dann fallen andere Nazis über den Geschlagenen her. — Die Nazis sehen in Adolf doch den Ehrenbürger. — Nazi Raucher schickt am 29. Mai den Herrn Regierungspräsidenten mit der Hundepeitsche als Advokaten in einen Winkel.

Vor Beginn der gestrigen Sitzung ohrfeigte Herbert Wild das KPD.-Mitglied Fieber, worauf einige andere Nazi-Mitglieder ebenfalls über Fieber herfielen; die Orpo mußte eingreifen.

Herr Bürgermeister Schmidt eröffnete kurz darauf die Sitzung, rügt und bedauert in kurzen Ausführungen diese Handlungsweise hier im Sitzungssaal und bittet dringend, in Zukunft diese Ausschreitungen zu unterlassen.

Wild erklärt darauf die Ursache, die in einem Artikel liegt, worin Mitglied Fieber Herbert Wild als Lügner bezeichne. Weiter ergeht sich Nazi Raucher in groben Ausführungen gegen die Berichterstattung des „Nahetal-Boten“.

Mitglied Fieber stellt nun auch seinerseits die Sache klar. Herbert Wild setzte sich vor Beginn der Sitzung neben Fieber und wies ihn auf den besagten Artikel hin, worin er als Lügner bezeichnet ist, worauf Fieber erklärte, falls dies nicht zutreffe, Herbert Wild ihn gerichtlich belangen könne; darauf erwiderte Wild, daß falls dies wieder vorkäme, er (Wild) Fieber ins Gesicht schlüge, worauf Fieber erklärte, daß Wild nicht viel Worte machen, sondern zuschlagen solle, was dann auch gleich folgte und weiter verschiedene seiner Pg. über Fieber herfielen. Bei den weiteren Ausführungen des Mitgliedes Fieber drohte wiederum ein Tumult durch Nazi Raucher; worauf Bürgermeister Schmidt erklärte, die Sitzung zu schließen, falls keine Ruhe eintrete.

Punkt 2: Technische Kommission: a) Instandsetzung der Landesstraße vom Wagner-Tiefenstein aufwärts. Die Kommission schlägt vor, die ganze Strecke mit Rohren zu belegen, und so eine Abwässerung zu ermöglichen. Die Anlieger sollen selbst die Rohre dazu beschaffen. Gleichzeitig sollen Bordsteine gesetzt werden. Der Landesverband führt die Arbeiten aus. Die Kosten für die Bordsteine und für Rohrlegen sollen vorläufig von der Stadt übernommen werden. Der Gemeinderat stimmt diesem Vorschlag zu.

b) Abfuhrplatz für den Ortsteil Tiefenstein. Die Kommission schlägt vor, oberhalb der Endstation des Trollybus von Herrn L. Schuler ein Stück Land hierfür zu kaufen. Das Gelände ist mit Tannen bepflanzt, 50 Ruten groß zum Preise von 2,50 Mark pro Rute. Nazi Haag und Dahlheimer beantragen, den Platz nach der Rodtenbach zu verlegen und für das Geld den Weg dort auszubauen. Die Sache wird danach zurückgestellt und vorläufig soll in die Rodtenbach gefahren werden.

c) Landkaufgesuch Rich. Becker. Dieser will neben seinem Haus ein Stück Land kaufen. Es wird beschlossen, das Stück Land ihm zum Preise von 20 Mark pro Rute zu überlassen.

d) Antrag Fieber betreffs Wassergeldermäßigung. Nach den Richtlinien des Preiskommissars ist ebenfalls darauf

Nazi-Einpeitscher Herbert Wild schreckte weder im Gemeinderat (siehe oben den Artikel aus dem Nahetal-Boten vom 29. April 1932) noch im Landtag vor Handgreiflichkeiten bzw. Gewaltdrohungen zurück. Idars Stadtoberhaupt Otto Schmidt (rechts) verhinderte 1932 im Gemeinderat eine Abstimmung über den NSDAP-Antrag, Adolf Hitler zum Ehrenbürger zu ernennen. Während mehr als 100 deutsche Städte nach 1945 Hitler symbolisch die Ehrenbürgerschaft aberkannten, blieb Idar-Oberstein diese Peinlichkeit erspart.

Da die nach der Eingemeindung Tiefensteins angestrebte Erweiterung der Straßenbahnstrecke vom Obersteiner Bahnhof bis zum neuen Idarer Stadtteil auf technische Schwierigkeiten stieß, entschied sich die für das öffentliche Verkehrswesen zuständige OIE für die Einführung des damals in Deutschland weitgehend unbekannten Trolley- bzw. Oberleitungsbusses. Bestärkt worden war sie darin durch eine fünftägige Informationsreise, die die Unternehmensleitung zusammen mit Kommunalpolitikern in mehrere englische Städte geführt hatte.

Die Einweihung des zukunftsträchtigen Verkehrssystems fand am 20. Februar 1932 statt. Bei Schnee und Eis ließen sich die ÖPNV-Pioniere um OIE-Direktor Dr. Trippensee (Siebter von rechts mit Stock) und die Bürgermeister Bergér (Sechster von links) und Schmidt (links auf dem Trittbrett) an der Endstation Rodter Mühle fotografieren.

Wenn es um ausreichende Freizeitaktivitäten für einkommensschwache Gruppen ging, blieb die Arbeitersport- und -kulturbewegung nach 1918 weiterhin unerlässlich. Hochburg des Sports war Oberstein, wo es neben dem Arbeiter-Sport-Verein (oben links die von Paul Loch trainierte Schülerabteilung) die Arbeiter-Schachspieler gab. Den kulturellen Bereich dominierte der Volkschor, der 1932 ein Rundfunkkonzert gab (oben rechts die Ankündigung im Nahetal-Boten vom 2. September 1932). Eine neue Sparte bildeten die Arbeiter-Photoamateure. Sozialen Belangen widmeten sich Arbeiterwohlfahrt und Kinderfreunde, ökologisch-touristischen die Naturfreunde. Wegen ihrer politischen Zuordnung hatten diese Organisationen seitens NS-höriger Behörden die gleichen Behinderungen zu ertragen wie SPD und KPD (unten ein Hinweis aus dem Nahetal-Boten vom 9. September 1932).

Der Volkschor Oberstein im Rundfunk

Kürzlich wurde bereits mitgeteilt, daß der Südwestdeutsche Rundfunk sich bereit erklärte, ein Konzert des Volks-Chors Oberstein im Rundfunk zu übertragen. Die Verhandlungen zwischen der Rundfunk-AG. und dem Verein haben jetzt zur Festlegung des Termins der Uebertragung geführt. Und zwar ist der 18. September als Tag der Veranstaltung vorgesehen. Mit Genehmigung der Stadtverwaltung wird in der Aula der Hohlschule konzertiert. Dort werden demnächst die Apparaturen aufgeschlagen (Mikrophon etc.) und die erforderlichen beiden Telephonleitungen gelegt, durch die die Uebermittlung zum Sender in Frankfurt erfolgt.

Der Volks-Chor Oberstein wird also der erste Verein sein, der den Ruf unserer für die Gesangskultur bedeutenden Stadt bestens vertreten darf. Die letzten Monate sahen Sängerinnen und Sänger in eifrigster Betätigung, um den Gesangsvorträgen den letzten Schliff und die letzten Feinheiten zu garantieren. Nach den vielen Erfolgen in der Vergangenheit, bei Konzerten und bei verschiedenen Wertungssingen mit starker Konkurrenz dürfte der Rundfunkhörerschaft ein Kunstgenuß bevorstehen, wie ihn nur beste Gesangschöre zu bieten haben.

Das im Einverständnis mit der Sendegesellschaft aufgestellte Programm sieht folgende Perlen der Gesangskunst vor:

Der Frauenchor wird zum Vortrag bringen:
Abendchor von Kreutzer
Brüder und Schwestern von Röntgen
Nacht von Lendvai
Dem Männerchor sind übertragen:
Volkslied von Kienzl
So grün als ist die Heiden von Thießen
Es wollt ein Jägerlein von Thießen
Der Gemischte Chor wartet auf mit
Morgenrot von Otto de Nobel
Holder Friede aus der „Glocke" von Romberg

Das Chorwerk „Holder Friede" aus der „Glocke" von Romberg (Bearbeitung aus dem Volksliederbuch für gemischten Chor) ist dem Volkschor für die Stunde des Chorgesangs von der Sendegesellschaft als Pflichtchor aufgetragen. Mit diesem Programm wird der Volkschor erfolgreich bestehen können. Die Tageszeit der Uebertragung wird noch mitgeteilt werden.

Und nun erst recht!

Es ist nur genehmigt!

Der Stadtbürgermeister hat durch Bescheid vom 9. September mitgeteilt, daß sich an dem Festzug des Arbeitersportvereins nur beteiligen dürfen:

a) der Arbeiter-Sportverein Oberstein.
b) der Arbeiter-Gesangverein.
c) die Naturfreunde,
d) Musik,
e) auswärtige Gäste.

Nicht beteiligen dürfen sich politische Vereine und Personen, die Abzeichen politischer Vereine tragen

Im Zug mitgeführt werden:
Reichsfahne und eine Vereinsfahne (rote Fahne mit Bundesabzeichen).

Politische Reden dürfen während des Umzuges und auch im Freien nicht gehalten werden

Deshalb heraus Mitglieder der obigen Vereine und Angehörige!

Alles was zum Arbeitersportkartell gehört marschiert.

Es war die größte Massenkundgebung, die jemals an der oberen Nahe stattfand: Im letzten oldenburgischen Landtagswahlkampf, den NSDAP und KPD durch Parlamentsauflösung erzwungen hatten, sprach Adolf Hitler am 20. Mai 1932 auf dem Klotzberg. Tags darauf schwankten in der Lokalpresse die Besucherangaben zwischen 10.000 und 35.000.

Bei der Weiterfahrt zum nächsten Wahltermin wurde Hitler am Straßenrand immer wieder von begeisterten Anhängern gegrüßt. In Idar erreichte seine Partei neun Tage später 69,6 und im „roten" Oberstein immerhin 40,9 Prozent der Wählerstimmen.

Der Konflikt zwischen Reich u. Preußen

v. Papen Reichskommissar in Preußen.

Bracht (Essen) kommissarischer Innenminister.

T.-U. Berlin, 20. Juli. Reichskanzler von Papen empfing heute vormittag 10 Uhr die preußischen Minister Hirtsiefer und Severing. Im Verlaufe der Unterredung teilte der Reichskanzler mit, daß sich die Reichsregierung entschlossen habe, den bisherigen

Oberbürgermeister von Essen, Bracht, zum Reichs-Kommissar in Preußen

einzusetzen, und zwar auf Grund des Art. 48 Abs. 2 der Reichsverfassung.

*

T.-U. Berlin, 20. Juli. Die Meldung über die Einsetzung eines Reichskommissars in Preußen ist dahin richtig zu stellen, daß

Reichskanzler von Papen zum Reichskommissar für Preußen

und

Oberbürgermeister Bracht (Essen) zum kommissarischen preußischen Innenminister und Leiter der Staatskanzlei

ernannt wird.

*

Die Gründe für die Einsetzung des Reichskommissars.

T.-U. Berlin, 20. Juli. Ueber die Gründe, die die Reichsregierung zur Einsetzung eines Reichskommissars in Preußen veranlaßt haben, verlautet an unterrichteter Stelle folgendes: Die Reichsregierung ist immer mehr zu der Ueberzeugung gekommen, daß in letzter Zeit die **Ruhe und Ordnung auf preußischem Boden vielfach gestört** worden ist und die Polizei nicht immer rechtzeitig und wirksam eingegriffen hat. Auch haben nach Ansicht der Reichsregierung die inneren **Verwaltungsstellen in Preußen häufig innere Unsicherheit an den Tag gelegt**, wenn es sich darum handelte, **durchgreifende Maßnahmen gegen den kommunistischen Terror zu treffen.** Die Reichsregierung macht der geschäftsführenden preußischen Regierung weiter zum Vorwurf, daß sich die kommunistische Bewegung in einer Form betätigen konnte, die sich mit der Staatsautorität nicht mehr in Einklang bringen läßt.

Eine enge Zusammenarbeit zwischen den Sozialdemokraten und den Kommunisten ist nach Ansicht der Reichsregierung unverkennbar.

Die scharfen **Angriffe Severings in seinen Wahlreden gegen die Reichsregierung**, besonders in seiner in der vorigen Woche in Wilmersdorf gehaltenen Rede, in der er die **Wähler aufforderte**, die Regierung von Papen „fortzujagen", haben zu der Entscheidung der Reichsregierung mit beigetragen.

Zur Durchführung der zur Wiederherstellung der öffentlichen Sicherheit erforderlichen Maßnahmen wird dem Inhaber der vollziehenden Gewalt die gesamte Schutzpolizei des bezeichneten Gebietes unmittelbar unterstellt.

§ 3.

Wer den im Interesse der öffentlichen Sicherheit erlassenen Anordnungen des Reichswehrministers oder des Militärbefehlshabers zuwiderhandelt oder zu solcher Zuwiderhandlung auffordert oder anreizt, wird, sofern nicht die bestehenden Gesetz eine höhere Strafe bestimmen, mit Gefängnis oder mit Geldstrafe bis zu 15 000 RM. bestraft.

Wer durch Zuwiderhandlung nach Abs. 1 eine gemeine Gefahr für Menschenleben herbeiführt, wird mit Zuchthaus, bei mildernden Umständen mit Gefängnis nicht unter 6 Monaten, und wenn die Zuwiderhandlungen den Tod eines Menschen verursachten, mit dem Tode, bei mildernden Umständen mit Zuchthaus nicht unter 2 Jahren bestraft. Daneben kann auf Vermögenseinziehung erkannt werden.

Wer zu einer gemeingefährlichen Zuwiderhandlung (Abs. 2) auffordert oder anreizt, wird mit Zuchthaus, bei mildernden Umständen mit Gefängnis nicht unter 3 Monaten bestraft.

§ 4.

Die in den §§ 81 (Hochverrat), 302 (Brandstiftung), 311 (Explosion), 312 (Ueberschwemmungen), 315 Abs. 2 (Beschädigungen von Eisenbahnanlagen) des Strafgesetzbuches mit lebenslänglichem Zuchthaus bedrohten Verbrechen sind mit dem Tode zu bestrafen, wenn sie nach der Verkündung der Verordnung begangen sind. Unter der gleichen Voraussetzung kann im Falle des § 92 (Landesverrat) des Strafgesetzbuches auf Todesstrafe erkannt werden. Ebenso in den Fällen des § 125 Abs. 2 (Rädelsführer und Gewalttätigkeiten bei Zusammenrottungen) und § 115 Abs. 2 (Rädelsführer und Widerstand bei Aufruhr), wenn der Täter den Widerstand, die Gewalt oder Drohung mit Waffen oder in bewußtem und gewolltem Zusammentreffen mit Bewaffneten begangen hat.

§ 5.

Auf Ansuchen des Inhabers der vollziehenden Gewalt sind durch den Reichsminister der Justiz außerordentliche Gerichte zu bilden.

Zur Zuständigkeit dieser Gerichte gehören außer den in § 9 der Verordnung des Reichspräsidenten vom 29. 3. 1931 aufgeführten Straftaten auch die Vergehen und Verbrechen nach § 3 der vorliegenden Verordnung.

§ 6.

Diese Verordnung tritt mit der Verkündung in Kraft.

Neudeck und Berlin, 20. Juli 1932.

*

Die Verordnung ist unterzeichnet vom Reichspräsienten, Reichskanzler, Reichsinnenminister und Reichswehrminister.

Der Aufruf des Militärbefehlshabers.

T.-U. Berlin 20. Juli. Der Inhaber der vollziehenden Gewalt für den Bereich von Groß-Berlin und die Provinz Brandenburg erläßt folgenden **Aufruf:**

„Ich bin durch den Herrn Reichswehrminister zum **Inhaber der vollziehenden Gewalt für den Bereich von Groß-Berlin und die Provinz Brandenburg** ernannt worden. Ich erwarte von den Behörden und von der Bevölkerung, daß sie meinen zur **Aufrechterhaltung der öffentlichen Ruhe und Ordnung erlassenen Anordnungen Folge leisten.** Wer diese Bekanntmachungen böswillig abreißt, verunstaltet oder beschädigt, wird bestraft.

Berlin, den 20. Juli 1932.

Der Militärbefehlshaber.
gez. von Rundstedt, Generalleutnant.

Am 20. Juli 1932 setzte Reichskanzler von Papen, der für Preußen eine Regierung unter Einschluss der NSDAP forderte, mit Billigung des Reichspräsidenten die preußische Staatsregierung ab. Als Vorwand diente ihm die Behauptung, in Preußen seien Recht und Sicherheit nicht mehr gewährleistet (hier die Idarer Zeitung vom 21. Juli 1932).

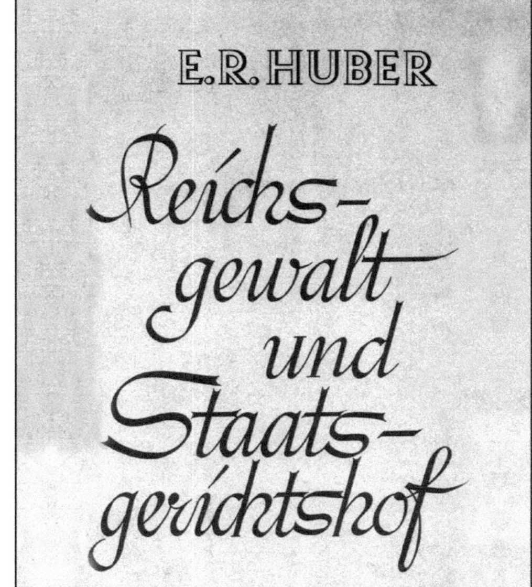

Zu den ersten Beamten, die aufgrund des „Preußenschlags" aus dem Amt entfernt wurden, gehörte der Obersteiner Reichstagsabgeordnete und Ministerialrat Emil Kirschmann (links ein Bleistiftporträt Georg Eislers). Gegen die Verfassungsklage der preußischen Staatsregierung wehrte sich Papen u. a. mit Hilfe des Obersteiner Staatsrechtlers Ernst Rudolf Huber, der seine nazikonforme Rechtsauffassung 1932 in einem Buch (rechts) veröffentlichte.

Oldenburg, den 29. September 1932.

Auf Grund des § 37 der Verfassung für den Freistaat Oldenburg vom 17. Juni 1919 verordnet das Staatsministerium für den Landesteil Birkenfeld was folgt:

§ 1.

(1) Die Geschäfte des Regierungspräsidenten können vorübergehend von jemand wahrgenommen werden, der nicht die Befähigung zum höheren Justiz-und Verwaltungsdienst erlangt hat.

(2) Der Auftrag zur Wahrnehmung der Geschäfte gemäss Abs. 1 kann jederzeit zurückgenommen werden. Der Beauftragte erlangt nicht die Rechte eines Zivilstaatsdieners.

§ 2.

Die Verordnung tritt mit dem Tage ihrer Verkündung in Kraft.

Oldenburg, den 29. September 1932.

Staatsministerium.

(Siegel) Röver. Spangemacher.

Im Freistaat Oldenburg kaum an der Macht, begann die NSDAP sofort, „verdiente Kämpfer der Bewegung" in Ämter zu hieven. Erstes Opfer dieses Vorgehens wurde Dr. Walther Dörr. Mit der offiziellen Begründung, „weil die politischen Verhältnisse im Landesteil Birkenfeld es notwendig machen", verlor er sein Amt als Regierungspräsident. Da seinem vorgesehenen Nachfolger, Nazi-Kreisleiter Herbert Wild, die erforderliche juristische Qualifikation fehlte, wurde dieses Amtskriterium kurzerhand aufgehoben.

Der linksliberale Apothekersohn Dr. Walter Dörr (rechts ein Rötelporträt von Rudolf Wild-Idar) gehörte von 1908 bis 1925 dem Landtag an. Zur Rechtfertigung seiner Amtsenthebung verbreitete die NSDAP zunächst das Gerücht, er habe zu Beginn der Weimarer Zeit mit französisch beeinflussten Separatisten gemeinsame Sache gemacht. Dieser Vorwurf war so abwegig, dass er rasch aufgegeben werden musste. An Dörrs politischer Verbannung änderte dies aber nichts. Vielmehr wurde der Nahetal-Bote wegen der Berichterstattung über den Fall Dörr verboten, was das Reichsgericht umgehend für rechtswidrig erklärte.

4

DRITTES REICH UND DER ZWEITE WELTKRIEG

1933 BIS 1945

Anders als im Reich hatte die nationalsozialistische Herrschaft im Freistaat Oldenburg bereits 1932 begonnen. Mochte die NSDAP mit ihren politischen Gegnern noch so rabiat umgehen und ihren gesellschaftspolitischen Führungsanspruch noch so rigoros durchsetzen: Bis zur Machtübergabe an Hitler existierten an der oberen Nahe zumindest Reste politischer Oppositionsmöglichkeiten und selbst von der willkürlich verhängten „Vorbeugehaft" wurde zunächst kaum Gebrauch gemacht.

Wenn auch im Zuge der Absetzung Walter Dörrs der sozialdemokratische Nahetal-Bote vorübergehend verboten wurde, kam es in Oberstein und Idar bis zum 30. Januar 1933 zu keinen dauerhaften Presseeinschränkungen. Sogar der Rote Beobachter der Kommunisten durfte weiter erscheinen. Das alles änderte sich ab dem Frühjahr 1933 schlagartig. Bei den letzten halbwegs freien Reichstagswahlen gewann die NSDAP am 5. März 1933 in Idar 61,5 und in Oberstein 36,1 Prozent der Stimmen. Auch ohne die erhoffte absolute Reichstagsmehrheit seiner Partei ging Hitler nun daran, mit Hilfe des „bürgerlichen" Lagers seine Macht zielstrebig auszubauen. Gegen die Stimmen der 94 SPD-Abgeordneten votierten am 22. März sämtliche Reichstagsfraktionen (die Kommunisten waren bereits ihrer Mandate beraubt worden) für Hitlers Ermächtigungsgesetz und entmündigten sich damit selbst. Auf der Grundlage dieser Entscheidung, für die sich Reichspräsident Hindenburg stark gemacht hatte, erfolgte am 1. April die „Gleichschaltung" der Länder. Auch die Gemeinderäte von Oberstein und Idar verloren ihre demokratische Legitimation. Sie wurden aus Gründen der „Einheitlichkeit des Reichs" nach den Mehrheitsverhältnissen des Reichstags neu besetzt. Damit erhielten die Nazis nach Aberkennung der KPD-Mandate in Oberstein und Idar gleichermaßen 11 von 16 Ratssitzen. Doch war dies nur von kurzer Dauer. Das „Gesetz gegen die Neubildung von Parteien" ließ reichsweit ab dem 14. Juli 1933 nur noch die NSDAP zu, für die es nun auf kommunaler Ebene keinerlei Kontrolle mehr gab. Im Mai wurden außerdem die Gewerkschaften aufgelöst.

Die Nazis enteigneten aber nicht nur Gewerkschaften und Parteien, sondern verleibten sich darüber hinaus die Umfeldorganisationen und Wirtschaftsunternehmen ihrer politischen Gegner ein. In Oberstein und Idar übernahmen sie die Konsumvereine und den Verlag des Nahetal-Boten. Auch Volksfürsorge und Arbeiterwohlfahrt wurden „gleichgeschaltet". Alle Vereine unterlagen fortan dem Führerprinzip, egal welchen Zweck sie verfolgten.

Anders als die meisten anderen Maßnahmen der Nazis hatte die Zusammenlegung der beiden Städte Oberstein und Idar über das Kriegsende von 1945 hinaus Bestand.

Neben dem Aufbau einer „Volksgemeinschaft", der alle angehörten, soweit sie nicht aus rassistischen oder politischen Gründen ausgegrenzt wurden, versuchte die NSDAP vor allem, die seit der Weltwirtschaftskrise anhaltend hohe Arbeitslosigkeit zu bekämpfen. In Idar-Oberstein geschah dies überwiegend durch die Finanzierung öffentlicher Bauvorhaben, die sich aus der Zusammenlegung der beiden Schwesterstädte ergaben, und die Errichtung großer Militäranlagen, die der Kriegsvorbereitung dienten. Ein vom Größenwahn geprägtes Verwaltungsforum blieb dagegen in der Planungsphase stecken.

Nicht zuletzt wegen seiner Schließfächer entwickelte sich der Bahnhof für Widerständler zu einer beliebten Informationsbörse zwischen Saarbrücken und dem Rhein-Main-Gebiet. Am Marktplatz nahm ein Wirt Kommunisten in Empfang, die er über den Westrich ins Saargebiet schleuste. Weitere nennenswerte Widerstandsaktionen gab es in Oberstein und Idar nicht. Jupp Füllenbach, Alfred Jung und August Mensch entgingen drohenden KZ-Inhaftierungen durch die Flucht ins Ausland. Georg K. Glaser und vielleicht auch Willi Münzenberg entkamen über Idar-Oberstein ins Saargebiet. Die Verfolgung jüdischer Mitbürger hatte zunächst manches Schlupfloch für unbehelligte Ausreisen gelassen, ehe sie mit der Reichspogromnacht vom 9. November 1938 lebensbedrohlich wurde und schließlich nach der berüchtigten Wannsee-Konferenz in einen fabrikmäßigen Völkermord mündete.

Begrüßte die Bevölkerungsmehrheit 1938 die Truppen, die die neuen Idar-Obersteiner Kasernen bezogen, mit hoffnungsfrohen Erwartungen, bewerteten dieselben Bürger den am 1. September 1939 begonnenen Weltkrieg vom ersten Tag an skeptisch. Nicht einmal der „Blitzkrieg im Westen" mit dem raschen Einmarsch in Paris ließ auch nur annähernd die Euphorie aufkommen, die im August 1914 zu beobachten war. Sozialdemokraten und Kommunisten hatten vor 1933 betont, Hitler bedeute Krieg. Doch solange die Nazis mit Saarabstimmung, Olympischen Spielen und dem „Anschluss" Österreichs scheinbar unaufhaltsam gewaltlose Prestigeerfolge feiern konnten, schienen sich ihre Kritiker ins Unrecht zu setzen. Je länger der Krieg dauerte und je näher die Westfront an die Naheregion heranrückte, umso mehr schwand der Führerglaube, den verunsicherte Arbeiter, Beamte, Einzelhändler und Fabrikanten vor 1939 Hitler entgegengebracht hatten.

Noch im Februar 1945 – als niemand mehr ernsthaft an den immer wieder beschworenen „Endsieg" glauben konnte – versuchte Landrat Wild, den Landkreis „judenrein" zu machen. Dazu spürte er – geleitet vom NS-Rassenwahn – die letzten verbliebenen jüdischen Mitbürger auf, um sie in Vernichtungslager deportieren zu lassen. Auch Sinti und Roma wurden nach Auschwitz gebracht. Einzig Hitlers Euthanasieprogramm, durch das „lebensunwertes Leben" ausgelöscht werden sollte, musste wegen des Argwohns der Bevölkerung abgebrochen werden.

Dieselben Nationalsozialisten, die sich für die Infrastrukturmaßnahmen der 1930er-Jahre hatten feiern lassen, ließen kurz vor Kriegsende alle Nahebrücken Idar-Obersteins zerstören, weil sie glaubten, dadurch den Vormarsch der alliierten Truppen aufhalten zu können. So endete die NS-Diktatur in Idar-Oberstein in menschlichem Leid und wirtschaftlicher Not. Bezeichnenderweise versuchte Landrat Wild – ausgestattet mit einem großzügigen Lebensmittelvorrat –, in seinem Auto vor den herannahenden US-Truppen zu fliehen. Von Treue und Ehre war da längst nicht mehr die Rede.

Seit ein paar Wochen war NSDAP-Kreisleiter Herbert Wild Staatskommissar für den Landesteil Birkenfeld und nun hatte der Reichspräsident Adolf Hitler zum Reichskanzler ernannt. Das musste gefeiert werden. Also ließ Wild am 30. Januar 1933 SA- und SS-Angehörige antreten und marschierte mit ihnen unter den Klängen des SA-Spielmannszugs zum Rathaus, wo die Hakenkreuzfahne gehisst wurde.

Auch in Oberstein kam es zu einer spontanen Jubelfeier, nachdem Hitlers Kanzlerschaft bekannt geworden war. In der Wasenstraße wurde die republikfeindliche schwarz-weiß-rote Flagge gehisst und den Nazis, die durch die Straße zogen, zugeschaut. Vergebens warteten Reichsbanner und Sozialistische Arbeiterjugend aus Berlin auf das Signal zum Generalstreik oder Bürgerkrieg. SAJ-Funktionär Paul Willrich erinnerte sich später: „Wir hätten lieber zwei Millionen auf den Barrikaden gelassen als dreißig Millionen im Krieg.“

Hitler forderte im März 1933 die Selbstentmündigung des Reichstags. So kam es zur Abstimmung über das Ermächtigungsgesetz, der folgenreichsten Entscheidung des deutschen Parlamentarismus. Alle „bürgerlichen“ Abgeordneten votierten mit der NSDAP für das Gesetz. Die Mandate der Kommunisten waren widerrechtlich aberkannt worden. Nur die 94 SPD-Abgeordneten stimmten mit Nein. Unter ihnen der Obersteiner Emil Kirschmann (1888–1949, links) und Karl Raloff (1899–1976, rechts), ein ehemaliger Redakteur des Nahetal-Boten.

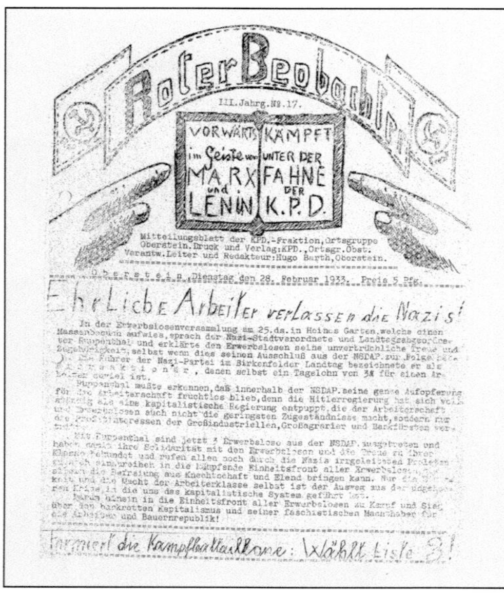

Roter Beobachter

III.Jahrg.Nr.17.

VORWÄRTS im Geiste von MARX und LENIN | KÄMPFT UNTER DER FAHNE DER K.P.D.

Mitteilungsblatt der KPD.-Fraktion,Ortsgruppe Oberstein.Druck und Verlag:KPD.,Ortsgr.Obst. Verantw.Leiter und Redakteur:Hugo Barth,Oberstein.

O b e r s t e i n ,Dienstag den 28. Februar 1933. Preis 5 Pfg.

Ehrliche Arbeiter verlassen die Nazis!

In der Erwerbslosenversammlung am 25.ds.in Heines Garten,welche einen Massenbesuch aufwies,sprach der Nazi-Stadtverordnete und Landtagsabgeordneter Ruppenthal und erklärte den Erwerbslosen seine unverbrüchliche Treue und Zugehörigkeit,selbst wenn dies seinen Ausschluß aus der NSDAP.zur Folge hätte. Die Führer der Nazi-Partei im Birkenfelder Landtag bezeichnete er als R e a k t i o n ä r e , denen selbst ein Tagelohn von 3M für einen Arbeiter zuviel ist.

Ruppenthal mußte erkennen,daß innerhalb der NSDAP.seine ganze Aufopferung für die Arbeiterschaft fruchtlos blieb,denn die Hitlerregierung hat sich vollständig als eine kapitalistische Regierung entpuppt,die der Arbeiterschaft und Erwerbslosen auch nicht die geringsten Zugeständnisse macht,sondern nur die Profitinteressen der Großindustriellen,Großagrarier und Bankfürsten vertritt.

Mit Ruppenthal sind jetzt 3 Erwerbslose aus der NSDAP.ausgetreten und haben damit ihre Solidarität mit den Erwerbslosen und die Treue zu ihrer Klasse bekundet und rufen allen noch durch die Nazis irregeleiteten Proleten zu,sich einzureihen in die kämpfende Einheitsfront aller Erwerbslosen,die allein die Befreiung aus Knechtschaft und Elend bringen kann. Nur die [illegible]keit und die Macht der Arbeiterklasse selbst ist der Ausweg aus der ungeheuren Krise,in die uns das kapitalistische System geführt hat.

Darum hinein in die Einheitsfront aller Erwerbslosen zu Kampf und Sieg über den bankrotten Kapitalismus und seiner faschistischen Machthaber für die Arbeiter- und Bauernrepublik!

Formiert die Kampfbataillone: Wählt Liste 3!

„Gesetz zur Behebung der Not von Volk und Reich“ nannten die Nazis verschleiernd ihr Ermächtigungsgesetz, das unverzichtbare parlamentarische Rechte auf die Reichsregierung übertrug. Schon einen Tag nach dem Reichstagsbrand vom 27. Februar hatte Hitler mit der Verordnung „Zum Schutz von Volk und Staat“ fast alle wichtigen Freiheitsrechte außer Kraft gesetzt. Trotz des Reichstagswahlkampfs waren das Versammlungsrecht und die Pressefreiheit liquidiert worden. Deshalb konnte der Rote Beobachter, die hektografierte Lokalzeitung der Obersteiner KPD (links), nach dem 28. Februar 1933 nicht mehr erscheinen.

Im Kaiserreich waren nicht selten evangelische Pfarrer die Säulen der Kriegervereine gewesen. Der harte Kern deutschnationaler Geistlicher schlug sich ab 1933 erneut auf die Seite der Kriegsbefürworter und so entstand in Oberstein eine Deutsche Christen-Gemeinde (rechts), die den Nazis bei der Verklärung Martin Luthers half. Antijüdische Äußerungen des Reformators nahm die NSDAP zum willkommenen Anlass, um ihre angeblichen geistesgeschichtlichen Wurzeln anschaulich zu machen.

Aufruf!

Zu Ehren Martin Luthers

findet am **Sonntag, den 19. November 1933** nachmittags 5 Uhr eine

große Kundgebung

in der Turnhalle statt.

Die gesamte evangelische Bevölkerung der Stadtgemeinde Oberstein fordern wir zur Teilnahme auf. **Geschlossener Festzug** der Jugend und der Männer zur Turnhalle. 4 Uhr Sammeln am alten Friedhof. Deutsche Männer, wir rechnen auf euer Bekenntnis zu Luther.

Flaggen heraus!

Deutsche Christen-Gemeinde

Gruppe Oberstein

A u f r u f

an die Bevölkerung der S t a d t J d a r .

Durch Anordnung der Nationalsozialistischen Deutschen Arbeiter-Partei, unterstützt durch die Reichs-Regierung, soll die gesammte d e u t s c h e B e v ö l k e r u n g alle jüdischen Geschäfte, Ärzte und Rechtsanwälte meiden, um dadurch der

L ü g e n und G r e u e l p r o p a g a n d a

welche gegen D e u t s c h l a n d im Auslande in der gemeinsten Weise durch J u d e n betrieben wird, entgegenzutreten.

Da dies nur eine A b w e h r m a s s n a h m e gegen die masslosen L ü g e n- und G r e u e l m e l d u n g e n der ausländischen J u d e n ist, ist es Pflicht eines jeden D e u t s c h e n, die getroffenen Massnahmen der Regierung zu unterstützen und ab S a m s t a g, den 1. April, 10 Uhr vormittags alle j ü d i s c h e n Geschäfte, Ärzte und Rechtsanwälte zu boykottieren.

Zur restlosen Durchführung der M a s s n a h m e n werden ab Samstag den 1. April vor allen j ü d i s c h e n Geschäften, Ärzten und Rechtsanwälten Posten der S.A. und S.S. stehen um die dennoch bei Juden kaufenden Volksgenossen zu verwarnen.

Ebenso sind die j ü d i s c h e n Händler und Haussierer und deren Hintermänner zu boykottieren.

J e d e r D e u t s c h e u n t e r s t ü t z t d i e s e n A b w e h r k a m p f.

N. S. D. A. P.
Ortsgruppe J d a r.

Antisemitismus verband seit jeher die rechtsextremen Parteien. In der Annahme, wer Kirschmann heiße, sei Jude, war 1924 in der völkischen Presse eine Hasskarikatur erschienen, die den Obersteiner Reichstagsabgeordneten mit „jüdischer Nase“ und „jüdischen Lippen“ zeigte. Um die Antisemiten hinter Hitler vereinigen zu können, strebten die Nazis am 1. April 1933 den Boykott jüdischer Einzelhändler und Freiberufler an. Die Aktion hatte kaum Erfolg. Viele Menschen wollten später von ihr nichts gewusst haben. Tatsächlich aber hatten die Nazis mit Flugblättern sowie Plakatanschlägen für den Boykott geworben.

Vorläufiges Gesetz zur Gleichschaltung der Länder mit dem Reich.

TU. Berlin, 31. März. Das von der Reichsregierung beschlossene „Vorläufige Gesetz zur Gleichschaltung der Länder mit dem Reich“ liegt nunmehr vor. Es enthält vier Teile, und zwar „Vereinfachung der Landesgesetzgebung“, „Volksvertretungen der Länder“, „Gemeindliche Selbstverwaltungskörper“, und „Gemeinsame Bestimmungen“.

Vereinfachung der Landesgesetzgebung: § 1. Die Landesregierungen sind ermächtigt, außer den in den Landesverfassungen vorgesehenen Verfahren Landesgesetze zu beschließen. Dies gilt auch für Gesetze, die den in Art. 85 85 Abs. 2 und 87 der Reichsverfassung bezeichneten Gesetzen entsprechen. — Ueber Ausfertigung und Verkündung der von den Landesregierungen beschlossenen Gesetze treffen die Landesregierungen Bestimmungen.

§2. Zur Neuordnung der Verwaltung ein- einschließlich der gemeindlichen Verwaltung und zur Neuregelung der Zuständigkeiten können die von den Landesregierungen beschlossenen

Jahre gewählt. Eine vorzeitige Auflösung ist unzulässig. Dies gilt auch für den am 5. März gewählten preußischen Landtag.

§ 9. Die Neubildung der Landtage nach diesem Gesetz muß bis zum 15. April 1933 durchgeführt sein.

§ 10. Die Zuteilung von Sitzen auf Wahlvorschlägen der kommunistischen Partei für den Reichstag und den preußischen Landtag auf Grund des Wahlergebnisses vom 5. März ist unwirksam. Ersatzzuteilung findet nicht statt.

§ 11. Eine **Auflösung des Reichstages bewirkt ohne weiteres die Auflösung der Volksvertretungen der Länder.**

Gemeindliche Selbstverwaltungskörper:

§ 12. Die gemeindlichen Selbstverwaltungskörper, auf welche die Grundsätze nach Art. 17 Abs. 2 der Reichsverfassung Anwendung finden, werden hiermit aufgelöst. — Sie werden neu gebildet nach der Zahl der gültigen Stimmen, die bei der Wahl zum deutschen Reichstag am 5. März im Gebiet der Wahlkörperschaft abgegeben worden sind. Dabei bleiben die Stimmen unberücksichtigt, die auf Wahlvorschläge der kommunistischen Partei oder solche entfallen sind, die als Ersatz von Wahlvorschlägen der kommunistischen Partei anzusehen sind.

§ 13. Bei den Vertretungskörperschaften in der unteren Selbstverwaltung (Gemeinde-, Stadträte usw.) darf die Zahl der Mitglieder die folgenden Höchstziffern nicht überschreiten: In Gemeinden bis zu 1000 Einwohnern 9, bis zu 2000 Einwohnern 10, 5000 12, 10 000 16, 15 000 20, 25 000 24, 30 000 26, 40 000 29, 50 000 31, 60 000 33, 80 000 35, 100 000 37, 200 000 45, 300 000 53, 400 000 58, 500 000 68, 700 000 73, von mehr als 700 000 77. Die übrigen Vertretungskörperschaften der gemeindlichen Selbstverwaltungen sind gegenüber ihrem Bestand vor der Auflösung (§ 12) um 25 vom Hundert zu verkleinern.

Im Eilverfahren wollten die Nazis Deutschland von seiner vermeintlichen Zerrissenheit befreien und alle gesellschaftlichen Bereiche sowie sämtliche Verwaltungsebenen einheitlich organisieren. „Gleichschalten“ nannte dies Justizminister Gürtner, der das „Vorläufige Gesetz zur Gleichschaltung der Länder mit dem Reich“ (siehe Idarer Zeitung vom 1. April 1933) in Kraft setzte. Auf der Grundlage dieser Norm wurde 1934 das Staatsangehörigkeitsrecht vereinheitlicht und die überständige oldenburgische Staatsbürgerschaft abgeschafft.

Um auch die Kultur gleichzuschalten, verbrannten Studenten und HJler im Mai 1933 vor allem in Universitäts- und Großstädten tonnenweise Bücher, die nicht der NS-Ideologie entsprachen. Opfer der Flammen wurden u. a. Texte von Thomas und Heinrich Mann, Erich Kästner und Kurt Tucholsky sowie politische Literatur von Karl Marx und August Bebel. In Oberstein warf die HJ am Naheufer neben der Buchhandlung van der Woude (links) Bücher ins Feuer. Die Idarer Bücherverbrennung fand am Bismarckturm statt. Göttenbach-Schulleiter Dr. August Kaiser verurteilte im Unterricht die Aktionen und verlor daraufhin seine Funktion.

Gleichschaltung der freien Gewerkschaften.

Alle ihre Führer verhaftet.

TU **Berlin**, 2. Mai. Der Aktionsausschuß zum Schutz der deutschen Arbeit, der unter Führung des Präsidenten des preuß. Staatsrates Dr. Ley steht, hat am Dienstag vormittag **im ganzen Reich die Häuser der Freien Gewerkschaften besetzen und alle führenden Persönlichkeiten im Interesse der Gleichschaltung der Freien Gewerkschaften verhaften lassen.**

In Berlin wurde das Gewerkschaftshaus am Engelufer von einer Abteilung von 90 SA-Leuten besetzt. Ferner wurden das Gewerkschaftshaus an der Inselbrücke, sowie die Arbeiterbank besetzt. Der **Gewerkschaftsführer Wissel wurde verhaftet.** Die Gewerkschaftsführer **Leipart** und **Graßmann** wurden **wegen Krankheit ins Krankenhaus gebracht.**

*

Im Auftrage des Aktionskomitees zum Schutze der deutschen Arbeit veröffentlicht der Leiter der NSBO-Pressestelle, Biallas, folgenden **Aufruf an die deutsche Gewerkschaftspresse:**

„Heute, am 2. Mai 1933, dem Tage, an dem das ganze deutsche Volk noch unter dem erschütternden Eindruck der gewaltigsten Kundgebung aller Zeiten steht, hat der Nationalsozialismus die Führung der deutschen Gewerkschaftsbewegung an sich gerissen. **Sämtliche Verbandsleitungen der „Freien" Gewerkschaften, des ADGB und des Afabundes** wurden von den Führern der **nationalsozialistischen Betriebszellenorganisation übernommen.** Damit ist auch die **Presse dieser Verbände der Leitung der NSBO unterstellt** worden; sämtliche Schriftleitungen der einzelnen Verbände wurden der NSBO-Pressestelle unterstellt. **Die bisherigen verantwortlichen Schriftleiter** dieser Zeitschrifetn, deren langjährige Tätigkeit bewiesen hat, daß sie unfähig sind, ein deutsches Arbeiterblatt in nationalem und sozialistischem Geist zu leiten, **sind abgesetzt.** Folgende Zeitschriften, die bisher vom Bundesvorstand des ADGB herausgebracht wurden, sind verboten: „Gewerkschaftszeitung", „Gewerkschaftliche Frauenzeitung", die „Arbeit" und der „Jugendführer". Diese Blätter befaßten sich nicht mehr mit Ge-

über die Gründe, die dazu geführt haben, daß der **Nationalsozialismus die Führung der deutschen Gewerkschaftsbewegung an sich gerissen** hat. Dr. Ley führte aus, daß mit dieser Aktion die zweite Phase der Erhebung von Deutschland durchgeführt sei. Man wolle vermeiden, daß der nationalen Bewegung das Gleiche passiere, wie im Jahre 1918 der SPD und den Weimarer Parteien. Der Marxismus stelle sich zwar tot, er sei aber keineswegs schon völlig beseitigt. Man müsse alles tun, um ihm jede Kraft zu nehmen. Wir wollen, erklärte Präsident Ley, ihm die Milchflasche entziehen, aus der er sich weiter stärken kann: Die materiellen wirtschaftlichen Organisationen.

Es genügt nicht, daß Leipart, Graßmann, Aufhäuser und andere ihre Ergebenheit uns entgegenbringen. Leute, die noch vor wenigen Wochen uns beschimpft haben, können niemals in ihrem Herzen die Erhebung Deutschlands mitmachen. Was an uns liegt, wird geschehen, um den **Marxismus völlig zu zerschlagen.** Damit ist in **keiner Weise gesagt,** daß wir die **Gewerkschaften an sich zerschlagen wollen,** im Gegenteil: alles, was für das Volk irgend welchen Wert hat, ganz gleich von welcher Organisation es ausgebaut wurde, wird erhalten werden und dem Wohl des Volkes

unverantwortliche Elemente der Gewerkschaften Störungen in die Wirtschaft kommen können.

*

Paris und die Gleichschaltung der marxistischen Gewerkschaften.

TU **Paris**, 3. Mai. Die **Gleichschaltung der marxistischen Gewerkschaften hat in Paris großes Aufsehen hervorgerufen.** Nach den bisherigen Kommentaren scheint es aber, daß diese Maßnahme als selbstverständliche Folge der bisherigen Entwicklung betrachtet wird. „Dieser gewaltige Angriff der revolutionären nationalsozialistischen Regierung," so schreibt der „Petit Parisien" u. a., „wird in den Arbeiterkreisen keinen nennenswerten Widerstand finden, da diese vollkommen enttäuscht und angewidert sind von der Art, mit der die sozialistischen und die gewerkschaftlichen Führer im Laufe der letzten 10 Jahre ihre Interessen vernachlässigt haben. Diese Arbeiterkreise scheinen jetzt ihre Hoffnungen auf die neue Herrschaft gesetzt zu haben. Die deutsche Arbeiterklasse, die bisher sozialistisch und kommunistisch war, glaubt, daß sie durch eine Stärkung der nationalsozialistischen Reihen die Bewegung noch mehr radikalisieren kann, was den Lohnempfängern größere Vorteile bringen könne, als die verblaßte Demokratie."

*

TU **Berlin**, 3. Mai. (Fkspr.) Die Mitglieder des Aktionskomitees zum Schutz der deutschen Arbeit unter Führung von Dr. Ley wurden am Dienstag vom Reichskänzler Adolf Hitler empfangen, um über die **Aktion gegen die Freien Gewerkschaften** Bericht zu erstatten. Am Donnerstag wird in einer Chefbesprechung über das Gewerkschaftsproblem beraten werden. Man rechnet mit Ernennung eines **Gewerkschaftskommissars** und nennt für diesen Posten den Namen von

1931 hatte Herbert Wild im Landtag angekündigt: „Jawohl, die Gewerkschaften in ihrer marxistischen Prägung bekämpfen wir bis aufs Messer […]. Wir bekämpfen sie aus demselben Grunde, aus dem wir die Republik bekämpfen, weil Sie die Herren Republikaner sind, und gewöhnen Sie sich daran, daß heute ein neues Deutschland aufzieht, das in diesem Saustall, den Sie angerichtet haben, Ordnung schafft […]." Am 2. Mai war es in Oberstein so weit (siehe oben die Idarer Zeitung vom 3. Mai 1933): Das Gewerkschaftshaus in der Wilhelmstraße wurde von Polizei und SA gestürmt und Richard Everling (rechts), der Geschäftsführer des Metallarbeiter-Verbands, samt Familie aus seiner Wohnung geworfen.

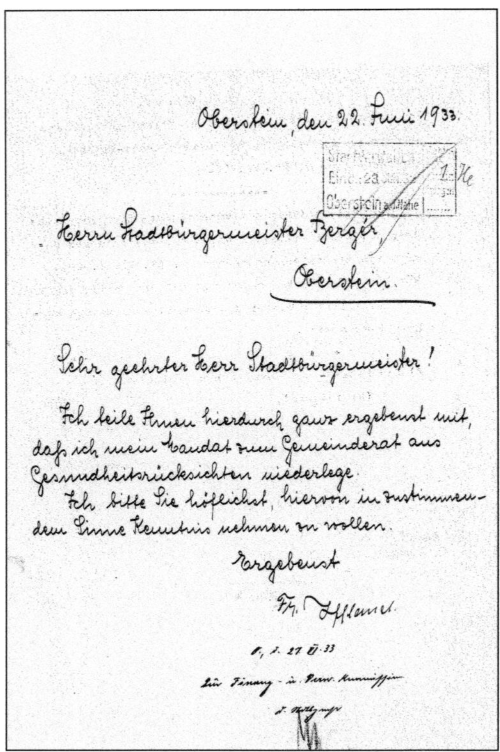

Oberstein, den 22. Juni 1933.

Herrn Stadtbürgermeister Bergér,

Oberstein.

Sehr geehrter Herr Stadtbürgermeister!

Ich teile Ihnen hierdurch ganz ergebenst mit, daß ich mein Mandat zum Gemeinderat aus Gesundheitsrücksichten niederlege.

Ich bitte Sie höflichst, hiervon in zustimmendem Sinne Kenntnis nehmen zu wollen.

Ergebenst

Fr. Iffland.

Eine Woche nach der Verabschiedung des Ermächtigungsgesetzes verloren alle kommunistischen Gemeinderäte unter dem Vorwand, auf ihnen laste der „Verdacht des Hochverrats", ihre Mandate (links). Noch vor dem offiziellen Verbot der SPD sah der ehemalige Landtagsabgeordnete Friedrich Iffland keinen Sinn mehr in der Fortsetzung seiner Gemeinderatstätigkeit und legte am 22. Juni 1933 sein Ratsmandat nieder (links).

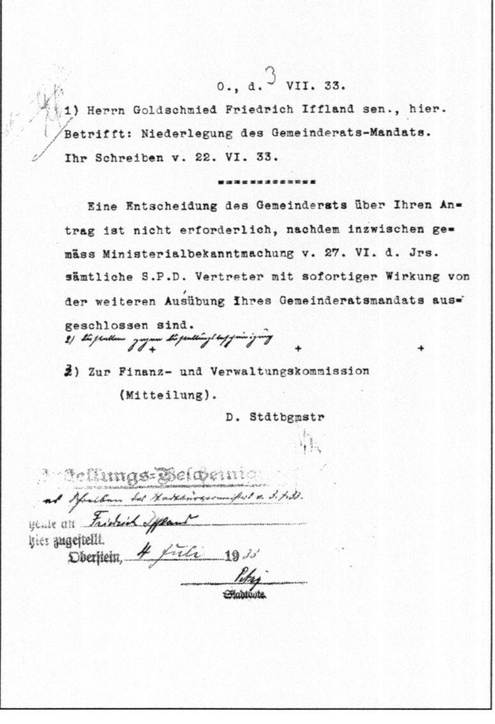

O., d. 3 VII. 33.

1) Herrn Goldschmied Friedrich Iffland sen., hier.

Betrifft: Niederlegung des Gemeinderats-Mandats.

Ihr Schreiben v. 22. VI. 33.

Eine Entscheidung des Gemeinderats über Ihren Antrag ist nicht erforderlich, nachdem inzwischen gemäss Ministerialbekanntmachung v. 27. VI. d. Jrs. sämtliche S.P.D. Vertreter mit sofortiger Wirkung von der weiteren Ausübung Ihres Gemeinderatsmandats ausgeschlossen sind.

3) Zur Finanz- und Verwaltungskommission (Mitteilung).

D. Stdtbgmstr

Oberstein, 4 Juli 1933

Stadtbürgermeister Bergér, der sich schon vor 1933 wiederholt als willfähriger Gehilfe der NSDAP gezeigt hatte, brachte es nicht fertig, Ifflands Mandatsniederlegung anzuerkennen und dem ausgeschiedenen Ratsmitglied für seine geleistete Arbeit zu danken. Ohne Anrede und die übliche Grußformel teilte er Iffland gegen Empfangsbestätigung mit, dass alle SPD-Vertreter mit sofortiger Wirkung von der weiteren Ausübung ihres Gemeinderatsmandats ausgeschlossen seien.

Das Ende der SPD.

TU Berlin, 23. Juni. (Fkspr.) Der Reichsinnenminister hat auf Grund der Verordnung des Reichspräsidenten zum Schutze von Volk und Staat die Sozialdemokratische Partei Deutschlands für staats- und volksfeindlich erklärt, ihr jede Betätigung verboten, ihren Abgeordneten die Mandate verboten, ihre Presse verboten und das Vermögen beschlagnahmt. Damit ist praktisch das Ende der SPD eingetreten.

*

TU Berlin, 23. Juni. (Fkspr.) Im Anschluß an seinen am Mittwoch bekannt gegebenen Aufruf veröffentlicht der Führer der Deutschen Arbeitsfront, Dr. Ley, eine Reihe von Verfügungen, nach denen u. a. **alle Dienststellen der Christlichen Gewerkschaften und der Angestelltenverbände mit Nationalsozialisten zu besetzen** sind und die **bisherigen Führer**, darunter Otte, Baldrusch, Stegerwald, Imbusch u. a. m. **aus der Deutschen Arbeitsfront ausgestoßen** worden.

Es dauerte nur ein halbes Jahr, bis die Nazis ihre politische Konkurrenz ausgeschaltet hatten. Die „bürgerlichen“ Parteien, die geglaubt hatten, die Zustimmung zum Ermächtigungsgesetz sichere ihre Zukunft, wurden schnell eines Besseren belehrt. Unmittelbar nach dem SPD-Verbot lösten sie sich selbst auf. Am 14. Juli trat dann ein „Gesetz gegen die Neubildung von Parteien“ in Kraft und sicherte endgültig die Alleinherrschaft der NSDAP.

Die erste von vier „Volksabstimmungen“ im Dritten Reich fand am 12. November 1933 statt. Dabei stimmten die Wähler dem Austritt Deutschlands aus dem Völkerbund zu. Wie bei der am selben Tag stattfindenden Reichstagswahl galten selbst leere Stimmzettel als Ja-Stimmen. Zur Wahlwerbung wurden auf der Nahestrecke Eisenbahnwagen eingesetzt.

Im September 1933 ließen sich die Idarer Stadtbediensteten letztmals mit der Stadtfahne (und nicht der Hakenkreuzflagge) auf der Rathaustreppe fotografieren (links). Über die kommunalen Gremien hinweg verfügten die Nazis zum 1. Oktober die Zusammenlegung der beiden Nachbarstädte unter dem Namen Idar-Oberstein. Bis dahin trugen alle kommunalen Gemeinschaftseinrichtungen die Ortsangabe Oberstein-Idar. Auch die Bahnstation nannte sich seit 1912 so. Empört strichen Lokalpatrioten den Stadtteil Idar auf dem Stationsschild am Bahnsteig (rechts).

Knapp ein Jahr nach der Zusammenlegung der Städte Oberstein und Idar genehmigte die Regierung in Oldenburg der neuen Kommune ein Wappen, auf das sich Stadtverwaltung und Landesarchiv geeinigt hatten. Übernommen wurden der Forsthaken beider Städte sowie die sechsblättrige Rose aus dem Idarer und die Eichel aus dem Obersteiner Wappen.

Die Gleichschaltung sparte keinen Lebensbereich aus. Im Winter sollte einmal monatlich in allen Haushalten nur Eintopf gegessen und das gegenüber einem „normalen" Sonntagsessen gesparte Geld der Volkswohlfahrt gespendet werden (siehe Idarer Zeitung vom 30. September 1933). Die Organisation Kraft durch Freude (KdF) kümmerte sich um die Überwachung und Steuerung der Freizeitgestaltung. Ihre Angebote umfassten u. a. Reisen, Kinovorführungen, Theaterabende und Varietédarbietungen (siehe unten Idarer Zeitung vom 27. April 1938).

An die Einwohner von Idar!

1. Ich bitte, entsprechend den Weisungen unseres Führers am kommenden Sonntag nur ein **Eintopfgericht** zuzubereiten, dessen Gestehungskosten sich auf höchstens 50 Pfg. pro Person belaufen. Das dadurch ersparte Geld wird im Laufe der nächsten Woche durch Beauftragte der NS-Volkswohlfahrt abgeholt.

2. Von hiesigen Geschäftsleuten wird Klage darüber geführt, daß die **Bürger Idars ihre Einkäufe häufig bei auswärtigen Geschäftsleuten tätigen.** Ich möchte die Bürger Idars bitten, ihren Bedarf nur bei **einheimischen Geschäftsleuten zu decken,** da diese auch von uns zum Winterhilfswerk herangezogen werden.

Idar, den 29. September 1933.

N.S. Volkswohlfahrt
Ortsgruppe Idar.
Rich. Becker,
Ortsgruppenwalter.

KdF. bietet einen Varieté-Abend

Am Freitag werden in Idar hervorragende Leistungen begeistern

Idar-Oberstein, 26. April.

Am nächsten Freitag, dem 19. April, findet abends in Idar ein Varieté-Abend der NS.-Gemeinschaft „Kraft durch Freude" statt. Die Ansage besorgt Peter Klöckner, ein beliebter Kölner Ansager und Humorist. Die reichhaltige Veranstaltungsfolge bringt eine ganze Reihe einmaliger Glanzleistungen. So zeigen sich Fibs in seinem komischen Balance-Akt sowie Philly und Partnerin als Jongleure von Sonderklasse. Edgardo, der Mann mit der Maske, gibt den Besuchern eine Reihe harter Nüsse zu knacken. Pecy und Rolee erweisen sich auf dem engen Raum einer Tischplatte als Rollschuhkünstler von einmaliger Vollendung. Die Gebrüder Lemoine verblüffen durch ihre großartigen Leistungen an der Bambusstange und Inge und Edgar Delclifeur bewähren sich als akrobatisches Tanzpaar von größter Vollendung.

Weiter tragen die 2 Arweds mit ihrer erstaunlichen Leitersensation und die 7 Tarantellys mit ihrer großartigen Sprungakrobatik zur Bereicherung des Programms bei. Besonders genannt zu werden verdient Fleur, der Clown auf dem Fahrrad, der durch seine Leistungen stets die Lacher auf seiner Seite hat.

Artisten hat es immer gegeben. Die Kulturvölker aller Zeiten kannten und schätzten sie. Auch unsere Vorfahren strömten in hellen Scharen herbei, wenn Gaukler und fahrend Volk die landläufigen Feste durch ihre Künste verschönten. Nach des Tages Last und Mühe bieten Höchstleistungen menschlicher Körperkraft und Gewandtheit, Humor und Fingerfertigkeit sowie die drolligen Einfälle exzentrischer Clowns angenehme Entspannung. Zumal unsere Zeit weiß Leistungen zu schätzen, die vom Sieg des Willens über die Trägheit der Materie zeugen und die im Grunde nichts sind als bis zur Artistik vollendetes und hinaufgesteigertes sportliches oder technisches Können.

Was da oft einfach, zufällig und fast spielerisch leicht anmutet, ward erst nach harter jahrelanger Arbeit erreicht und ist seines Lohnes wie auch der Anerkennung wert. Die NS.-Gemeinschaft „Kraft durch Freude", die die Gestaltung des Feierabends und der Freizeit übernommen hat, schätzt die Bedeutung des Varietés ebenfalls richtig ein. Die Veranstaltungen, die sie inzwischen durchgeführt hat, und der Erfolg, den diese zeitigten, bewiesen ihr die Richtigkeit ihrer Bemühungen. Auch diesmal wartet sie wiederum mit einem Abend auf, der reich an Höchstleistungen echter Varietékunst ist und der allen Besuchern ein paar Stunden bester Unterhaltung gewährleistet.

Nie zuvor gab es am 1. Mai so große Veranstaltungen wie im Dritten Reich. Die Teilnahme daran war verpflichtend. In Oberstein stellten sich die von NSDAP-Führern geleiteten Betriebsgruppen in der unteren Hauptstraße auf und marschierten zum Göttenbach, wo an der heutigen Auffahrt nach Göttschied die zentrale Kundgebung stattfand.

Arbeitsdienst
der NSDAP
Abteilung Oberstein/Nahe

Motto: Arbeitsdienst
Dienst am Volk.

1. große öffentl. Veranstaltung
deren Reinertrag der Adolf Hitler-Spende für Arbeitsbeschaffung zufließt.

Samstag, den 14. Oktober 1933
19 Uhr: Fackelzug durch die Stadt. Auf dem Marktplatz gemeinsames Lied „Volk ans Gewehr". Mitwirkende: Die 42 Mann starke Arbeitsdienstkapelle Koblenz, Leitung: Musikmeister Schrumpf. 20.30 Uhr im Festsaal der Turnhalle Oberstein

Großes Konzertprogramm
unter Mitwirkung des Grubschen Männer-Gesang-Verein Oberstein, Leitung: Musikdirektor Scherpner. Einlagen humorristischer und gesanglicher Art von Dienstwilligen.
Eintritt 30 Pfg.

Sonntag, den 15. Oktober 1933
9 Uhr: Feldgottesdienst auf dem Hofe der Schillerschule unter Mitwirkung des Kirchenchores. 11 Uhr: Auf dem Hof der Hohlkaserne „Ausschnitte aus Sport und Spiel" Mitwirkung der Arbeitsdienstkapelle. 1 Uhr: Geschlossene Teilnahme mit Kapelle am großen **Festzug des Deutschen Handwerks.** 20 Uhr

Großer Abteilungs-Abend
in den Festräumen der Turnhalle Oberstein mit „Deutschem Tanz". Eintritt 30 Pfg.

1931 hatte die Regierung Brüning den Freiwilligen Arbeitsdienst (FAD) eingeführt. Vor allem Jugendliche unter 21 Jahren riskierten empfindliche Leistungskürzungen, wenn sie die Angebote des FAD ablehnten. Im Dritten Reich zentralisierte die NSDAP die einzelnen Arbeitsdienstprojekte – auch in Idar-Oberstein (siehe Anzeige aus der Lokalpresse vom Oktober 1933). Ab 1935 wurde der Arbeitdienst für Männer verpflichtend. Nach Kriegsbeginn erstreckte sich die Arbeitsdienstpflicht zusätzlich auf junge Frauen. Gestärkt werden sollte der Gedanke der Volksgemeinschaft, aber auch die Kriegstauglichkeit.

Der 1937 begonnene Ausbau der Hindenburgstraße (heute Mainzer Straße) sicherte für längere Zeit die Arbeitsplätze zahlreicher Bauarbeiter, da der Straßenbau jener Zeit immer noch in erster Linie manuell betrieben wurde. Allein der Kolonne, die sich für den Fotografen aufstellte, gehörten mehr als 30 Arbeitskräfte an.

Erst die leistungsfähige Hindenburgstraße sorgte für eine ausreichende Verkehrserschließung der Klotzbergkaserne. Zugleich erhielten die Stadtteile Oberstein und Idar eine zusätzliche Verbindungsstraße, auf die sie ohne den militärischen Hintergrund noch lange hätten warten müssen.

Am 13. Januar 1935 sollte über die Zukunft des unter Völkerbundverwaltung stehenden Saargebiets abgestimmt werden. Im Vorfeld wurden die Züge auf der Nahestrecke als rollende Werbeträger eingesetzt (siehe oben). Kommerzienrat Dr. Hermann Röchling sprach am 7. April 1934 vor angeblich 4.000 Besuchern auf einer Saarkundgebung in der Obersteiner Turnhalle. Im Monat darauf trafen sich ehemalige Soldaten zu einer „Saargrenz-Tagung" in Idar-Oberstein. Für die Rückkehr nach Deutschland votierten 90,8 Prozent der Saarländer.

Wiederholt zwangen Nazi-Schergen ihre Gegner, Rizinus zu trinken und zogen dann zur Gaudi ihrer Anhänger mit den vermeintlichen „Volksschädlingen" durch die Straßen. Der mehrfach bedrohte Reichsbanner-Angehörige August Mensch (links) floh nach Spanien, wo er im Bürgerkrieg als republikanischer Soldat der Interbrigaden Ende 1936 bei der Abwehrschlacht um das Madrider Universitätsviertel starb. Während er in Vergessenheit geriet, wurden jene Idar-Obersteiner Spanienkämpfer, die die Faschisten unterstützt hatten, bei ihrer Heimkehr am 9. Juni 1939 von den Nazis feierlich empfangen.

Deutscher Reichsanzeiger
und
Preußischer Staatsanzeiger.

Erscheint an jedem Wochentag abends. **Bezugspreis** durch die Post monatlich 2,30 RM einschließlich 0,48 RM Zeitungsgebühr, aber ohne Bestellgeld; für Selbstabholer bei der Anzeigenstelle 1,90 RM monatlich. Alle Postanstalten nehmen Bestellungen an, in Berlin für Selbstabholer die Anzeigenstelle SW 68, Wilhelmstraße 32. Einzelne Nummern dieser Ausgabe kosten 30 Rpf, einzelne Beilagen 10 Rpf. Sie werden nur gegen Barzahlung oder vorherige Einsendung des Betrages einschließlich des Portos abgegeben. Fernsprech-Sammel-Nr.: A 9 (Blücher) 3333.

Anzeigenpreis für den Raum einer fünfgespaltenen 3 mm hohen und 55 mm breiten Zeile 1,10 RM, einer dreigespaltenen 3 mm hohen und 92 mm breiten Zeile 1,85 RM. Anzeigen nimmt an die Anzeigenstelle Berlin SW 68, Wilhelmstraße 32. Alle **Druckaufträge** sind auf **einseitig** beschriebenem Papier **völlig druckreif** einzusenden, insbesondere ist darin auch anzugeben, welche Worte etwa durch **Fettdruck** (einmal unterstrichen) oder durch Sperrdruck (besonderer Vermerk am Rande) hervorgehoben werden sollen. — **Befristete Anzeigen** müssen **3 Tage** vor dem Einrückungstermin bei der Anzeigenstelle eingegangen sein.

Nr. 282 Reichsbankgirokonto **Berlin, Donnerstag, den 3. Dezember, abends** Postscheckkonto: Berlin 41821 **1936**

Inhalt des amtlichen Teiles.

Deutsches Reich.

Ernennungen und sonstige Personalveränderungen.
Bekanntmachung über den Londoner Goldpreis.
Bekanntmachung über die Aberkennung der deutschen Staatsangehörigkeit.
Bekanntmachung über die 5%ige Reichsanleihe von 1927.
Bekanntmachung KP 240 der Ueberwachungsstelle für unedle Metalle vom 2. Dezember 1936 über Kurspreise für unedle Metalle.
Filmverbote.
Bekanntmachung über die Ausgabe des Reichsgesetzblatts Teil I, Nr. 111.

Preußen.

Bekanntmachung des Preußischen Oberbergamts Breslau über die Umwandlung von Kapitalgesellschaften.

Amtliches.

Deutsches Reich.

Der Führer und Reichskanzler hat den Kaufmann Harold Arthur Taffell zum Vizekonsul des Reichs in King's Lynn (England) ernannt.

Bekanntmachung über den Londoner Goldpreis

gemäß § 1 der Verordnung vom 10. Oktober 1931 zur Aenderung der Wertberechnung von Hypotheken und sonstigen Ansprüchen, die auf Feingold (Goldmark) lauten (Reichsgesetzbl. I S. 569).

Der Londoner Goldpreis beträgt am 3. Dezember 1936
für eine Unze Feingold . . . . = 141 sh 9½ d,
in deutsche Währung nach dem Berliner Mittelkurs für ein englisches Pfund vom 3. Dezember 1936 mit RM 12,215 umgerechnet = RM 86,5993,
für ein Gramm Feingold demnach . . . = pence 54,7045,
in deutsche Währung umgerechnet . . . . = RM 2,78423.

Berlin, den 3. Dezember 1936.

Statistische Abteilung der Reichsbank.
Reinhardt.

Bekanntmachung.

Auf Grund des § 2 des Gesetzes über den Widerruf von Einbürgerungen und die **Aberkennung der deutschen Staatsangehörigkeit** vom 14. Juli 1933 (Reichsgesetzbl. I S. 480) erkläre ich im Einvernehmen mit dem Herrn Reichsminister des Auswärtigen folgende Reichsangehörige der deutschen Staatsangehörigkeit für verlustig, weil sie durch ein Verhalten, das gegen die Pflicht zur Treue gegen Reich und Volk verstößt, die deutschen Belange geschädigt haben:

1. Baumann, Alfons, geb. am 1. 1. 1900 in Giffigheim (Baden),
2. Beyer, Georg, geb. am 2. 10. 1884 in Breslau,
3. Braun, Matthias (Matz), geb. am 13. 8. 1892 in Neuß,
4. Bräuer, Walter, geb. am 5. 10. 1906 in Hanau,
5. Danzebrink, Heinrich Peter, geb. am 2. 1. 1899 in Prüm (Eifel),
6. Erpenbeck, Fritz, geb. am 6. 4. 1897 in Mainz,
7. Goldschmidt, Alfons, geb. am 28. 11. 1879 in Gelsenkirchen,
8. Gröhl, Karl, geb. am 10. 2. 1896 in Schneidemühl,
9. Gundelfinger, Leo, geb. am 22. 5. 1901 in Regensburg,
10. Haas, Kurt, geb. am 1. 2. 1898 in Fürth,
11. Heiden, Konrad, geb. am 7. 8. 1901 in München,
12. Heymann, Fritz, geb. am 28. 8. 1897 in Bocholt (Westf.),
13. von Hildebrand, Dietrich, geb. am 12. 10. 1889 in Florenz (Italien),
14. Kiesewetter, Ernst, geb. am 30. 11. 1897 in Kolberg,
15. Kippenberger, Hans Karl, geb. am 15. 1. 1898 in Leipzig,
16. Kirschmann, Emil, geb. am 13. 11. 1888 in Oberstein (Nahe),
17. Koenen, Wilhelm, geb. am 7. 4. 1886 in Hamburg,
18. König, Heinrich, geb. am 13. 4. 1886 in Weitmar,
19. Kowalski, Paul, geb. am 22. 2. 1911 in Potsdam,
20. Künder, Paul Christian, geb. am 17. 10. 1897 in Wandsbek,
21. Lauriolie, August Heinrich, geb. am 6. 8. 1886 in Mainz,
22. Lehnert, Gustav, geb. am 6. 7. 1896 in Gelsenkirchen,
23. Ludwig, Adolf, geb. am 27. 6. 1892 in Pirmasens,
24. Machts, Hertwig, geb. am 16. 7. 1895 in Jena,
25. Mann, Thomas, geb. am 6. 6. 1875 in Lübeck,
26. Olden, Rudolf, geb. am 14. 1. 1885 in Stettin,
27. Otten, Karl, geb. am 29. 7. 1889 in Oberkrüchten,
28. Reinbold, Georg, geb. am 22. 10. 1885 in Triberg (Baden),
29. Ritzel, Heinrich, geb. am 10. 4. 1893 in Offenbach (Main),
30. Schnog, Karl, geb. am 14. 6. 1897 in Köln,
31. Schreiner, Karl, geb. am 8. 11. 1895 in Köln,
32. Sollmann, Wilhelm, geb. am 1. 4. 1881 in Oberlind,
33. Sprey, Jakob, geb. am 8. 4. 1904 in Düsseldorf,
34. Steinthal, Hans Gustav, geb. am 16. 9. 1893 in Charlotte (Bayern),
35. Thalheimer, Siegfried, geb. am 10. 1. 1899 in Düsseldorf,
36. Thiele, Arthur Otto, geb. am 28. 4. 1896 in Dresden,
37. Vahsen, Arnold, geb. am 10. 1. 1902 in Harf, Krs. Bergheim,
38. Wronkow, Ludwig, geb. am 3. 12. 1900 in Berlin,
39. von Zwehl, Hans, geb. am 17. 3. 1888 in Otterndorf.

Das Vermögen der vorstehend bezeichneten Personen wird beschlagnahmt.

Der Verlust der deutschen Staatsangehörigkeit wird erstreckt auf folgende Familienangehörige:

Margarete Baumann, geb. Rausch, geb. am 22. 8. 1908 in Schotten (Hessen),
Otto Ludwig Heinz Baumann, geb. am 5. 10. 1932 in Butzbach (Hessen),
Elli Beyer, geb. Wallich, geb. am 3. 8. 1897 in Köln,
Gisela Beyer, geb. am 6. 5. 1919 in Köln,
Luise Maria Beyer, geb. am 5. 7. 1927 in Köln,
Angela Braun, geb. Stratmann, geb. am 22. 8. 1892 in Neuß,
Hedwig Erpenbeck, geb. Zinner, geb. am 20. 5. 1904 in Lemberg (Galizien),
Lina Goldschmidt, geb. Jakobi, geb. am 31. 3. 1888 in Berlin,
Irene Goldschmidt, geb. am 29. 8. 1913 in Berlin,
Veronika Gröhl, geb. Gehe, geb. am 14. 5. 1904 in Trebbin,
Laura Margarete von Hildebrand, geb. Denk, geb. am 19. 7. 1885 in Altenfeld,
Franz von Hildebrand, geb. am 7. 12. 1912 in Wien,
Paula Kiesewetter, geb. Reschke, geb. am 12. 1. 1899 in Goritz,
Lieselotte Kiesewetter, geb. am 21. 6. 1922 in Berlin,
Thea Kippenberger, geb. Niemand, geb. am 27. 3. 1901 in Leipzig,
Margot Kippenberger, geb. am 21. 1. 1924 in Hannover,
Jeanette Kippenberger, geb. am 23. 7. 1928 in Leipzig,
Martha Koenen, geb. Friedrich, geb. am 16. 7. 1883 in Kempen,
Heinrich Koenen, geb. am 12. 5. 1910 in Königsberg,
Johanna Koenen, geb. am 23. 11. 1911 in Halle,
Elisabeth König, geb. Kampert, geb. am 15. 10. 1888 in Hamme (Westf.),
Werner König, geb. am 1. 5. 1912 in Weitmar,
Ilse König, geb. am 30. 8. 1921 in Weitmar,
Berta Künder, geb. Schaumann, geb. am 14. 6. 1901 in Wandsbek,
Emmi Lehnert, geb. Brosch, geb. am 25. 2. 1901 in Osnabrück,
Ingeborg Lehnert, geb. am 26. 3. 1925 in Gelsenkirchen,
Kurt Lehnert, geb. am 19. 7. 1927 in Gelsenkirchen,
Helene Ludwig, geb. Sprenger, geb. am 14. 11. 1893 in Pirmasens,
Ludwig Ludwig, geb. am 21. 3. 1912 in Pirmasens,
Werner Ludwig, geb. am 27. 8. 1926 in Pirmasens,
Katharina Mann, geb. Pringsheim, geb. am 24. 7. 1883 in Feldafing,
Gottfried Angelis Thomas Mann, geb. 27. 3. 1909 in München,
Monika Mann, geb. 7. 6. 1910 in München,
Elisabeth Veronika Mann, geb. 24. 4. 1918 in München,
Michael Thomas Mann, geb. 21. 4. 1919 in München,
Isolde Olden, geb. Baguth, geb. am 20. 11. 1904 in Hohenstadt,
Elise Reinbold, geb. Schröder, geb. am 27. 2. 1885 in Berlin,
Elisabeth Eva Ritzel, geb. Lack, geb. am 10. 5. 1894 in Offenbach/Main,
Wolfgang Heinrich Ritzel, geb. am 24. 8. 1919 in Offenbach,
Gerhard Johannes Alfred Ritzel, geb. am 12. 4. 1923 in Michelstadt (Hessen),
Günther Klaus Ritzel, geb. am 11. 11. 1924 in Frankfurt (Main),
Lucia Schnog, geb. Zengerling, geb. am 19. 12. 1895 in Stavenhagen,
Hanna Schnog, geb. am 21. 6. 1930 in Berlin,
Katharina Sollmann, geb. Gruemmer, geb. am 27. 9. 1883 in Lindau,
Elfriede Sollmann, geb. am 21. 8. 1912 in Köln,
Meta Steinthal, geb. Ritz, verw. Volk, geb. am 4. 4. 1884 in Charlotenburg,
Gertrud Thalheimer, geb. Stern, geb. am 24. 10. 1902 in München-Gladbach,
Ruth-Eva Thalheimer, geb. am 16. 6. 1929 in Düsseldorf,
Elisabeth Helene Vahsen, geb. Dahmen, geb. am 19. 7. 1900 in Königshoven (Kr. Bergheim),
Elisabetha Vahsen, geb. am 4. 12. 1924 in Düsseldorf,
Angelika Helene Wilhelmine Vahsen, geb. am 22. 1. 1926 in Düsseldorf,
Arnold Philipp Peter Vahsen, geb. am 26. 10. 1931 in Düsseldorf,
Hilde Wronkow, geb. Rosenberg, geb. am 11. 5. 1901 in Czernowitz,
Rosa von Zwehl, geb. Spiel, geb. am 1. 7. 1904 in Penzberg.

Die Entscheidung darüber, inwieweit der Verlust der deutschen Staatsangehörigkeit sonst noch auf Familienangehörige zu erstrecken ist, bleibt vorbehalten.

Berlin, den 2. Dezember 1936.

Der Reichs- und Preußische Minister des Innern.
J. V.: Pfundtner.

5%ige Reichsanleihe von 1927.

Vom 2. Januar n. Js. an werden die Zinsbogen Reihe II zu den Schuldverschreibungen der 5%igen Reichsanleihe von 1927 durch Vermittlung
aller Reichsbankanstalten (mit Ausnahme der Reichshauptbank in Berlin),
der Preußischen Staatsbank (Seehandlung) in Berlin,
der Deutschen Zentral-Genossenschaftskasse in Berlin,
der Deutschen Girozentrale — Deutsche Kommunalbank — in Berlin
an die Einlieferer der zu ihrer Abhebung berechtigenden Erneuerungsscheine ausgereicht. Die Erneuerungsscheine sind den Vermittlungsstellen mit einem Verzeichnis einzuliefern, zu dem Vordrucke von diesen Stellen unentgeltlich verabfolgt werden.

In Berlin wohnende Gläubiger, die die oben bezeichneten Vermittlungsstellen nicht in Anspruch nehmen wollen, können ihre Erneuerungsscheine unmittelbar der Kontrolle der Reichspapiere in Berlin SW 68, Oranienstraße 106/109, einreichen.

Berlin, den 1. Dezember 1936.

Reichsschuldenverwaltung.

Bekanntmachung KP 240

der Ueberwachungsstelle für unedle Metalle vom 2. Dezember 1936, betr. Kurspreise für unedle Metalle.

1. Auf Grund des § 3 der Anordnung 34 der Ueberwachungsstelle für unedle Metalle vom 24. Juli 1935, betr. Richtpreise für unedle Metalle (Deutscher Reichsanzeiger Nr. 171 vom 25. Juli 1935), wird für die nachstehend aufgeführte Metallklasse an Stelle des in der Bekanntmachung KP 235 vom 19. November 1936 (Deutscher Reichsanzeiger Nr. 271 vom 20. November 1936) festgesetzten Kurspreises der folgende Kurspreis festgesetzt:

Kupfer (Klassengruppe VIII):
Kupfer, nicht legiert (Klasse VIII A) . . . . . RM 60,— bis 62,—

2. Diese Bekanntmachung tritt am Tage nach ihrer Veröffentlichung im Deutschen Reichsanzeiger in Kraft.

Berlin den 2. Dezember 1936.

Der Reichsbeauftragte für unedle Metalle.
Stinner.

Durch den Entzug der Staatsbürgerschaft setzten die Nazis ihre Gegner in Acht und Bann. Nach Emil Kirschmann, der zusammen mit Literaturnobelpreisträger Thomas Mann ausgebürgert wurde, wie der Deutsche Reichsanzeiger vom 3. Dezember 1936 bekannt gab, verloren bis 1941 weitere 24 Idar-Obersteiner ihre Staatsbürgerschaft, was sie vogelfrei machte und aller staatlichen Schutzrechte beraubte.

Nur noch heute!

Moderne Lichtspiele Oberstein

Telefon 2069 und 2922

Des ungewöhnlichen Erfolges wegen zeigen wir auch heute noch den einzigartigen Film:

Triumph des Willens

Reichsparteitagfilm der NSDAP Gesamtleitung und Regie: Leni Riefenstahl

Niemand darf dieses einmalige Zeitdokument versäumen!

Nur noch heute!

Die Mehrzahl der in der Weimarer Zeit unter starken wirtschaftlichen Druck geratenen Kinobetreiber arbeitete früh und gern mit den Nazis zusammen, die durch ihre Filmpolitik eine bis dahin ungekannte Publikumsnachfrage auslösten. Neben Propagandafilmen wie Leni Riefenstahls „Triumph des Willens“ (oben) wurde regelmäßig NS-konforme Unterhaltung geboten. Großer Beliebtheit erfreuten sich auch die Wochenschauen. In den Schwan-Lichtspielen (unten) gehörten zudem Rundfunkübertragungen von Hitler-Reden zum Programm.

Der Minister des Innern. Oldenburg, den 10 März 1936.

1.) Auszuf. an

die Vertretung Oldbgs. in Berlin.

Nachdem der Locarno-Vertrag aufgehoben ist, muß mit allen Mitteln eine Belegung der nach wie vor notleidenden Stadt Idar-Oberstein durch das Reichsheer angestrebt werden. Wenn auch im Augenblick das Rheinland erst verhältnismäßig schwach mit Standorten belegt ist, so wird doch vermutlich in absehbarer ~~Zeit eine stärkere Belegung stattfinden. Sie wollen sich daher~~ wegen Idar-Oberstein baldmöglichst an die zuständige Abteilung des Reichskriegsministeriums wenden. Falls Sie es für erforderlich halten, könnten vom Staatsministerium oder Reichsstatthalter noch entsprechende schriftliche Anträge an den Herrn Reichskriegsminister gerichtet werden.

Gar nicht schnell genug konnte es den Nazis mit den Kriegsvorbereitungen gehen: Drei Tage nach der vertragswidrigen Rheinlandbesetzung durch Hitlers Truppen und drei Wochen vor der nachträglichen Volksabstimmung darüber setzte sich die Regierung in Oldenburg für den Bau von Militäranlagen in Idar-Oberstein ein.

Weil sich am 26. Juni im Berliner Olympiastadion der hohe Favorit Schalke 04 und Hannover 96 nach Verlängerung 3:3 getrennt hatten, fand eine Woche später am gleichen Ort vor 94.812 Zuschauern das Wiederholungsspiel statt. Dank dreier Tore der Idarer Brüder Richard und Erich Meng (in der Bildmitte bei Schalkes Nationaltorhüter Hans Klodt) siegten die 96er nach erneuter Verlängerung 4:3.

Birkenfeld auf dem Marsch ins Einheitsreich

In den Straßen der Stadt wehen die Fahnen der Nation. Sie künden, daß für unser Land ein geschichtlich denkwürdiger Tag angebrochen ist. Währenddessen versammeln sich in der festlich geschmückten Jahnhalle der Kreisstadt Birkenfeld die Beamten des neuen Landkreises und die übrigen geladenen Gäste, um dem feierlichen Akt der Ueberleitung des Landesteils Birkenfeld in die preußische Verwaltung beizuwohnen.

Wenn diese Gebietsbereinigung im Westen des Reiches auch nicht die Beachtung findet, wie etwa die große gleichzeitig erfolgende Gründung Groß-Hamburgs oder die Uebernahme der alten Hansestadt Lübeck in das Land Preußen, so ist doch das Ziel aller dieser Maßnahmen das gleiche. Was Reichsinnenminister Dr. Frick gestern in Hamburg und Lübeck über diese Gebietsbereinigung und den künftigen Aufbau des Einheitsreiches ausführte, gilt auch für Birkenfeld. Wenn er in Lübeck zum Ausdruck brachte, daß die knappen Worte des Gesetzes „das Land Lübeck geht auf Preußen über" nichts anderes bedeutet, als daß Lübeck im Reiche aufgeht, so bestätigt das unser Fühlen, daß Birkenfeld mit dem heutigen Tage wahrhaft im Reich aufgeht.

„Hierin liegt die staatspolitische Bedeutung der Reichsreformmaßnahme, die wir heute feierlich begehen", führte Dr. Frick weiter aus. Und wenn er in Eutin sagte: „Oldenburg und Preußen sind deutsche Verwaltungseinheiten, gelenkt und geleitet nicht von Preußen und Oldenburgern", sondern von Deutschen," so wird uns allen klar, daß der Schritt, den heute unsere Heimat tut, hinführt zu dem Einheitsreich. Daß Birkenfeld, als einer der vielen kleinen Länderfetzen, mit bei den Ersten ist, die diesen Marsch auf die künftigen Reichsgaue hin antreten, darf uns mit besonderen Stolz erfüllen. fw.

Um Hamburg attraktive preußische Nachbargebiete zuschlagen zu können, erließen die Nazis das „Gesetz über Groß-Hamburg und andere Gebietsbereinigungen". Darin gewährten sie Preußen einen Gebietsausgleich, der den Landesteil Birkenfeld einschloss. Damit endete am 1. April 1937 die von Anfang an wenig sinnvolle Verbindung zwischen Oldenburg und Birkenfeld. Für die Nazis ein konsequenter Schritt auf dem Weg ins Einheitsreich (siehe Birkenfelder Zeitung vom 1. April 1937). Wenige Monate nach dieser Gebietsänderung feierte sich die NSDAP selbstgefällig bei ihrem Kreisparteitag in Idar-Oberstein (unten).

Angeblich soll Hitler die 1938 fertiggestellte Klotzbergkaserne die schönste Kaserne Deutschlands genannt haben. Jedenfalls wurde schon ihr Richtfest aufwendig gefeiert. Auf der Idar war extra ein Vergnügungspark aufgebaut worden (siehe Mitte des Bildhintergrunds).

Die bei Algenrodt neu geschaffene Straßburgkaserne komplettierte das Idar-Obersteiner Militärensemble. Wer glaubte, in Verbindung mit dem Truppenübungsplatz Baumholder betreibe das Reich hilfreiche Strukturpolitik in einer ländlichen Region, konnte im September 1939 erkennen, welche Ziele die NSDAP mit ihren Projekten in Idar-Oberstein verfolgte.

So rückte III. Abt. A.-R. 34 ein

Der Freudentag Idar-Obersteins am 30. April

Aufnahmen: HERBERT AHRENS

Bürgermeister Bergér begrüßt mit den Ortsgruppenleitern und Beigeordneten an der Stadtgrenze die Truppen
Links: Tausende wollten Zeuge von den Einzugsfeierlichkeiten sein

Dichtgedrängt stand an den Straßenrändern die Bevölkerung aus Idar-Oberstein und der Umgebung beim Einzug der Soldaten

Kreisleiter Pg. Diedenhofen und bisheriger Standortältester Oberst Thams (im Kreis) begrüßen den neuen Standortältesten Oberstleutnant Zutavern

Oberstleutnant Zutavern dankt der Bevölkerung für den herzlichen Empfang

Die Truppen auf dem Marktplatz zu Idar-Oberstein II während der Begrüßungsansprache des Kreisleiters Pg. Diedenhofen

Die Betriebe und Werkstätten der Stadt der Edelsteine feierten den Einzug der Wehrmacht. Groß war die Freude, die sich auf den Gesichtern der Arbeiter ausprägte. Sie hörten zum ersten Male wieder die flotten deutschen Märsche einer Artillerie-Kapelle

Immer im Bilde durch das Nationalblatt

Oberstleutnant Zutavern öffnet das Kasernentor

Vor dem Regimentskommandeur Oberstleutnant Bömer, Oberst Thams, Oberstleutnant Zutavern und Kreisleiter Pg. Diedenhofen fand im Kasernengelände eine Parade der einziehenden Truppen statt.

Einzug in die festlich geschmückten neuen Räume

Nicht nur die gleichgeschaltete Lokalpresse, sondern auch mehrere Tausend Einwohner bereiteten am 30. April 1938 den Soldaten der III. Abteilung des Artillerie-Regiments 34, die in die neuen Kasernen einzogen, einen begeisterten Empfang, wie die Bildersammlung des Nationalblatts sehr gut veranschaulicht.

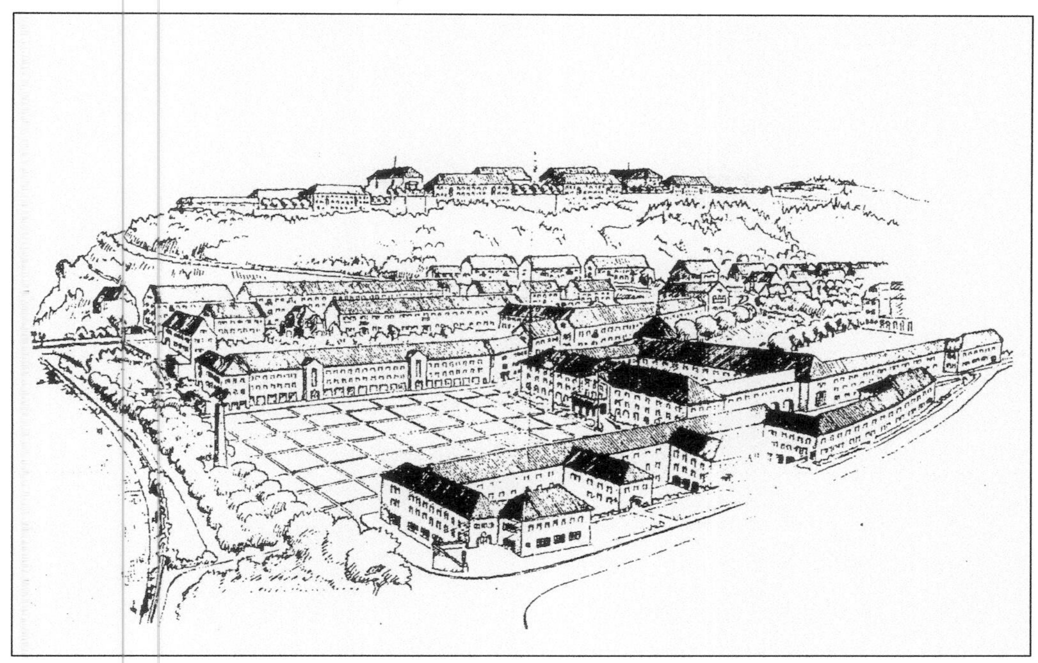

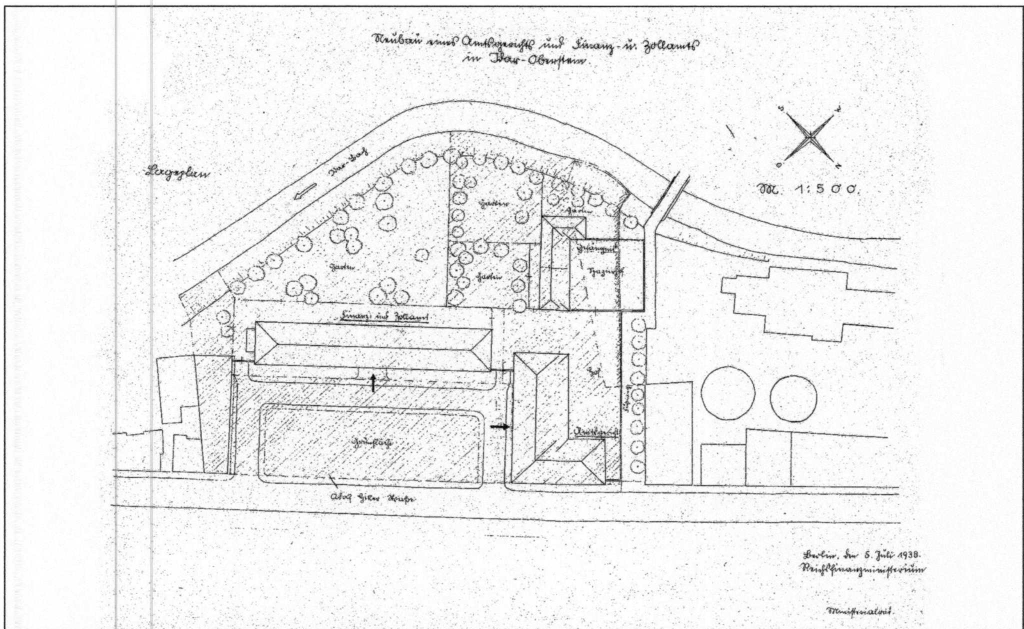

In den aufwendigen Kasernenanlagen sahen die Nazis nur den Auftakt zu einem pompösen öffentlichen Bauprogramm. Eingerahmt von Hindenburgstraße, Schillerschule, Adolf-Hitler-Straße und Naheufer war ein großes Verwaltungsforum mit Appellplatz geplant, das sich am Hommelplatz zwischen Idarbach und Adolf-Hitler-Straße mit Amtsgericht, Gefängnis sowie Finanz- und Zollamt fortsetzen sollte. Nach Kriegsbeginn standen dafür jedoch keine Reichsmittel mehr zur Verfügung.

Gauleiter Gustav Simon (mit erhobenem Arm in der Mitte) und Dr. Robert Ley, der Führer der Deutschen Arbeitsfront (rechts daneben), kamen am 22. Juni 1938 mit der „Alten Garde“ nach Idar-Oberstein. Dabei handelte es sich um die NSDAP-Funktionäre, die eine Mitgliedsnummer unter 300.000 führten oder SA und SS bereits vor 1933 angehört hatten.

Für die Nazis war der Besuch der Alten Garde ein besonderer Festtag. Deshalb musste, wie schon ein Vierteljahr zuvor beim Einzug der Artillerie, die ganze Stadt beflaggt sein (im Bild die damalige Adolf-Hitler- und heutige Hauptstraße in Idar). Arbeitslose wurden zur Reinigung der Straßen, Plätze und des Nahebetts eingesetzt.

Die Synagoge auf der Au (im Vordergrund rechts mit Garten) befand sich in unmittelbarer Nähe zu mehreren großen Wohn- und Geschäftshäusern. Allein diesem Umstand dürfte es zu verdanken gewesen sein, dass das Gebäude in der Reichspogromnacht nicht vollständig abgebrannt wurde.

Vor der Reichspogromnacht vom 9. November 1938 hatte es schon etliche Ausgrenzungsmaßnahmen gegenüber Juden gegeben: Seit April 1933 waren jüdische Mitbürger vom Beamtentum ausgeschlossen. Ab September 1935 verboten die „Nürnberger Gesetze" Juden die Ehe mit „deutschen Volksgenossen". Am 5. November desselben Jahres hatte das Disziplinargericht der Obersten SA-Führung den Idarer Sturmführer Gass aus der SA ausgeschlossen, weil er seine Frau vom jüdischen Arzt Dr. Levy behandeln ließ. Nach einer Verordnung vom August 1938 mussten Juden ihren Vornamen mit dem Zusatz „Sara" bzw. „Israel" versehen. Daraufhin änderte die Stadtverwaltung Idar-Oberstein im Januar 1939 die Heiratsurkunde von Harry und Edith Grau (rechts).

Idar-Oberstein, den 16. Januar 1939.
Der nebenbezeichnete Ehemann hat gemäß Verordnung vom 17. August 1938 zusätzlich den weiteren Vornamen „Israel" angenommen. Seine nebenbezeichnete Ehefrau hat zusätzlich den weiteren Vornamen „Sara" angenommen.
Der Standesbeamte
In Vertretung

Nr. 92 - Jahrgang 45 - Einzelverkaufspreis 10 Pfg
Monatlicher Bezugspreis einschl. Trägerlohn 1.35 Mk.

Donnerstag, den 20. April 1939

National-Zeitung

Heimatzeitung für den Kreis Birkenfeld, Hochwald - Stadt- und Landbote Baumholder

Das Gesetz seines Lebens

Zum 50. Geburtstag des Führers

Von Reichspressechef Dr. Dietrich

Die Weltgeschichte ist die Geschichte einiger Männer. Sie berichtet viel von ihren Taten — nichts von ihren 50. Geburtstagen. Mit Recht! Denn 50 Jahre sind kein Lebensabschnitt, sondern eine Zeitrechnung! Eine prägsame Zahl, die für das Leben selbst nicht mehr bedeutet als der Zeiger einer Uhr für das Wohlbefinden ihres Betrachters. Die Taten der Großen richten sich nicht nach dem Kalender der Zeit, sie gehorchen dem Gesetz ihrer eigenen Entwicklung!

Alexander der Große hat mit 27 Jahren den Orient erobert und stand mit 30 in Indien. Cäsar überschritt in seinem 50. Lebensjahr den Rubikon, um sich zum Alleinherrscher des römischen Weltreiches zu machen. Mit 50 Jahren befand sich Karl der Große noch mitten im Ringen um das Reich, während Napoleon schon in seinem 40. Lebensjahr auf dem Gipfel seines Ruhmes stand. Friedrich der Große hatte in seinem 50. Lebensjahr bereits die Hauptschlachten des Siebenjährigen Krieges geschlagen. Dagegen stand Bismarck an seinem 50. Geburtstag erst am Anfang seiner geschichtlichen Leistung.

Das Gemeinsame dieser Männer ist ihre weltgeschichtliche Größe — der Rhythmus ihres Lebens aber ist gänzlich verschieden. Nicht nach der Zahl ihrer Jahre bestimmt sich das Gesetz ihrer Erfolge, sondern nach der Kraft ihrer Ideale und der Stärke des Willens, der ihre Taten zum höchsten Siege reifen läßt.

Wenn wir den Führer, der heute seinen 50. Geburtstag begeht, in die Größenordnung der weltgeschichtlichen Gestalten eingliedern wollen, dann müssen wir die Frage nach der Besonderheit seiner weltpolitischen Leistung stellen. Wir könnten — um sie zu beantworten — hier die einzigartigen Stationen seines wunderbaren Weges aufzeichnen, vom Schützengraben zur Feldherrnhalle, von der Landsberger Gefängniszelle bis zur alten Prager Kaiserburg. Gerade am heutigen Tage wird ja in den Herzen des deutschen Volkes in Wort und Bild die Erinnerung aufleben an alle jene großen und schicksalhaften Stunden im Leben des Führers, die zugleich auch Marksteine in der Geschichte unserer Nation sind. Aber vielleicht wird uns das Einmalige seines Aufstieges und das Gewaltige seiner Leistung durch nichts mehr und eindringlicher ins Bewußtsein geführt als durch die Urteile, die in all den Jahren die Welt der Gegner über ihn gesprochen hat.

Wie groß muß ein Mann sein, den die Welt vor 20 Jahren noch nicht kannte, den sie noch vor zehn Jahren als einen hoffnungslosen „Phantasten" mit Spott und Hohn übergoß, dessen Regierung sie noch vor fünf Jahren nur als „aussichtsloses Experiment" zur Kenntnis nahm — wenn sie ihn heute für mächtig genug hält, die Demokratien der Erde erzittern zu lassen, und den „Phantasten" von einst für fähig erklärt, die ganze Welt erobern zu wollen?!

Sie vergleichen ihn mit Napoleon, um in dessen Zusammenbruch Trost zu finden und aus seinem Niedergang wieder Hoffnung zu schöpfen. Welche Worte sollten wir noch finden, um das auszudrücken, was ihm seine Gegner so eindringlich bescheinigen?!

Und doch haben sie vom Wesen und der wahren Größe dieses Mannes keinen Hauch verspürt.

Sie sehen ihn durch die Brille eines bereits verblassenden Zeitalters und erkennen in der Zurückgebliebenheit ihres eigenen politischen Denkens nicht, daß hier ein großer Genius mit neuen Ideen in die Geschichte eingetreten ist. Sie glauben die Maßstäbe einer versinkenden alten Welt an die Größe einer neuen anlegen zu können. Und da ihnen die Kraft des Verstehens fehlt, klammern sie sich an sinnlose Vergleiche aus der Vergangenheit, die höchstens in ihrer hysterischen Angstpsychose gefährlich werden können. Sie wollen die Völker glauben machen, daß hier wieder einer der großen politischen Abenteurer der Menschheit auszieht, um dem alten Traum einer Weltherrschaft nachzujagen. Sie verkünden die Wiederkehr der Zeiten eines Napoleon oder denken an den Zug Alexanders des Großen nach Indien. Sie unterlassen es bei ihren absurden historischen Vergleichen, den Unterschied zwischen Erbauern von Reichen hervorzuheben.

Denn was im Glück der Schlachten und im Zufall des Erfolges errungen wurde, ist nicht mit dem zu vergleichen, was auf den ewigen Fundamenten einer Nation nach dem Plan eines genialen Baumeisters errichtet wird, um das Leben eines großen Volkes für immer zu sichern.

Alexander der Große zog mit 23 Jahren aus zur Eroberung der kleinasiatischen Griechensiedlungen und gelangte im Rausche seiner Siege bis an die Grenzen der damaligen Welt; Napoleon, der junge siegreiche General der italienischen Kriegsschauplätze, wußte die Chance der französischen Revolution zu nutzen und schwang sich im Ruhme seiner Schlachten als Korse auf den Thron der Franzosen. Aus der damaligen po-

Das Geburtstagsgeschenk aus Idar-Oberstein

Eine Schale aus indischem Moosachat, ein Kunstwerk von einzigartigem Wert

Als Geschenk des Westmarkgaues Koblenz-Trier an den Führer zum 50. Geburtstag hat Gauleiter Gustav Simon in Idar-Oberstein, der Wiege der deutschen Edelsteinindustrie, eine große ovale handgeschliffene Schale aus indischem Moosachat ausgewählt, die ein Kunstwerk von einzigartigem Wert darstellt.

Aus einem Steinblock von 70 cm. Länge, 60 cm. Breite und 35 cm. Dicke, den die Natur mit dem seltenen Vorzug ausgestattet hatte, daß er ohne den geringsten Riß oder Sprung war, der die Bearbeitung unmöglich gemacht hätte, ist das kostbare Stück herausgearbeitet worden, das lange Jahre die schönste Zierde der Gewerbehalle im Stadtteil Idar bildete.

Ein Vierteljahr lang hatten — es war 1907 in der damals noch bestehenden Bärenschleife an Idarbach — der inzwischen verstorbene Kristallschleifer Rudolf Fuhr aus Kirschweiler und seine Söhne Rudolf und Ernst zu tun, fast Tag und Nacht arbeitend, um mit größter Sorgfalt und meisterlicher Geschicklichkeit aus dem massiven Stein das zarte Gebilde der Schale zu formen, durch deren dünne Wandung (8 mm) sich jetzt prächtige Lichtbrechungen infolge der reizvollen Maserung in grüner, brauner und blauer Tönung ergeben.

Die Schale steht auf einem Postament aus Holz, einer zierlichen chinesischen Arbeit. Auf dem Untersatz der Schale sind zwei Plaketten angebracht mit folgenden Inschriften: „Dem Führer zum 50. Geburtstag. Gau Koblenz-Trier" und „Moosachat-Schale, gearbeitet in Idar-Oberstein, der Stadt der deutschen Edelsteine."

1935 übersandte der NS-Gau Koblenz-Trier-Birkenfeld Hitler zum Geburtstag einen „Pokal aus Achatschalen", den in dritter Generation der „Goldschmied und Gewerbeoberlehrer Pg. Bub" vollendet hatte. Zum 50. Geburtstag erhielt Hitler ein weiteres Geschenk aus Idar-Oberstein (siehe oben). Zudem wurde 1935 Reichspropagandaminister Goebbels aus Idar-Oberstein mit einer zehnteiligen „Schreibtischgarnitur aus kostbarem Achat" beschenkt.

Wer Kriege führen will, braucht Soldaten. Diese Maxime veranlasste Hitler Ende 1938, ein „Mutterkreuz" als Auszeichnung für kinderreiche Mütter einzuführen. Die grundsätzlich an Muttertag stattfindenden Verleihungsfeiern boten einen willkommenen Anlass, die jahrelang gesellschaftlich an den Rand gedrängten Frauen rechtzeitig vor Kriegsbeginn aufzuwerten. Das in drei Stufen untergliederte Kreuz gab es für vier und fünf Kinder in Bronze (siehe rechts Hulda Loch), für sechs und sieben Kinder in Silber sowie für acht und mehr Kinder in Gold.

Zur ersten Mutterkreuz-Verleihung lud die NSDAP am 20. Mai 1939 mehrere hundert Mütter in den Idarer Saalbau ein. Unter dem Banner „Über Sein und Nichtsein unseres Volkes entscheidet die Mutter" verlieh NS-Ortsgruppenleiter Philipp Kaucher die „Ehrenkreuze der Deutschen Mutter". Obwohl es sich um eine offizielle staatliche Auszeichnung handelte, war die Verleihung durch die örtlichen Leiter der NSDAP ausdrücklich festgelegt.

Wegen des latenten Rohstoffmangels musste im Dritten Reich alles gesammelt werden, was sich wiederverwerten ließ (links). Im März 1941 wurden zunächst die eisernen Gartenzäune abgeschweißt und dann Hausratsgegenstände aus Messing und Kupfer gesammelt. Beide Aktionen fanden breite Resonanz. Zum Jahresende 1941 zogen Schülerinnen und Schüler von Haus zu Haus und sammelten 789 Skier sowie zahlreiche Woll- und Pelzartikel für die Ostfront. Wegen des anhaltenden Metallmangels baute die Technische Nothilfe (Teno) seit Ende 1939 an mehreren Stellen der Nahe militärische Behelfsbrücken aus Holz (im Bild unten die Brücke an der Fabrik Klein und Quenzer).

Ritterkreuzträger waren die Helden der NS-Propaganda und wurden als Vortragsreisende mit Autogrammkarten eingesetzt, um die Kriegsbegeisterung Jugendlicher zu wecken. Im Sommer 1943 erhielt der 23-jährige Idar-Obersteiner Leutnant Emil Wernig (Bildmitte) das Ritterkreuz. Unmittelbar danach machte er Heimaturlaub. Kameraden empfingen ihn am Bahnhof. Zurück an der Ostfront, fiel Wernig am 20. November 1943 in Russland.

Ab 1936 wurde die Mitgliedschaft in der Hitlerjugend (HJ) verpflichtend. Im Krieg achteten die Nazis bei der HJ noch stärker als zuvor auf Sportlichkeit und strengen Gehorsam (im Bild Angehörige des Obersteiner Jungvolks mit Fähnleinführer Günter Schmidt).

Weil viele Ausbilder Kriegsdienst leisteten, geriet die Berufsausbildung ins Stocken. Deshalb richteten die Nazis auf der Hohl, wo sich in der ursprünglichen Kaserne eine Berufsschule befand, eine Lehrwerkstatt für Goldschmiede und Werkzeugmacher ein. Mit Blick auf den späteren Kriegseinsatz wurde großer Wert auf den Sportunterricht der Lehrlinge gelegt.

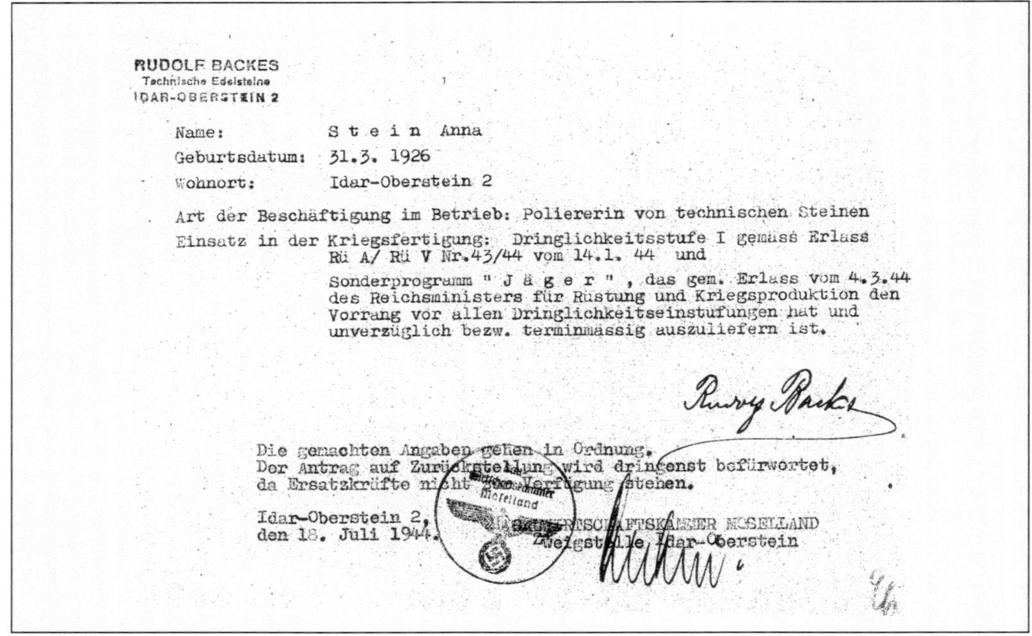

RUDOLF BACKES
Technische Edelsteine
IDAR-OBERSTEIN 2

Name: S t e i n Anna

Geburtsdatum: 31.3. 1926

Wohnort: Idar-Oberstein 2

Art der Beschäftigung im Betrieb: Poliererin von technischen Steinen

Einsatz in der Kriegsfertigung: Dringlichkeitsstufe I gemäss Erlass Rü A/ Rü V Nr.43/44 vom 14.1. 44 und

Sonderprogramm " J ä g e r " , das gem. Erlass vom 4.3.44 des Reichsministers für Rüstung und Kriegsproduktion den Vorrang vor allen Dringlichkeitseinstufungen hat und unverzüglich bezw. terminmässig auszuliefern ist.

Rudolf Backes

Die gemachten Angaben gehen in Ordnung.
Der Antrag auf Zurückstellung wird dringenst befürwortet, da Ersatzkräfte nicht zur Verfügung stehen.

Idar-Oberstein 2,
den 18. Juli 1944.

[illegible]WIRTSCHAFTSKAMMER MOSELLAND
Zweigstelle Idar-Oberstein

Wer immer „kriegswichtige" Arbeit geltend machen konnte, bemühte sich, seine Mitarbeiterinnen und Mitarbeiter von staatlichen Einsätzen freistellen zu lassen, wie es im Sommer 1944 auch die Firma Rudolf Backes aus Idar erfolgreich versuchte.

Zahlreiche Unternehmen und Behörden forderten Kriegsgefangene als Zwangsarbeiter an, da die deutschen Arbeitnehmer kriegsbedingt nur in geringer Zahl zur Verfügung standen und obendrein etwa doppelt so viel kosteten. Der Ausschnitt aus der Einsatzliste vom August 1942 zeigt, an welchen Tagen des Monats welche Firma wie viele Zwangsarbeiter beschäftigte.

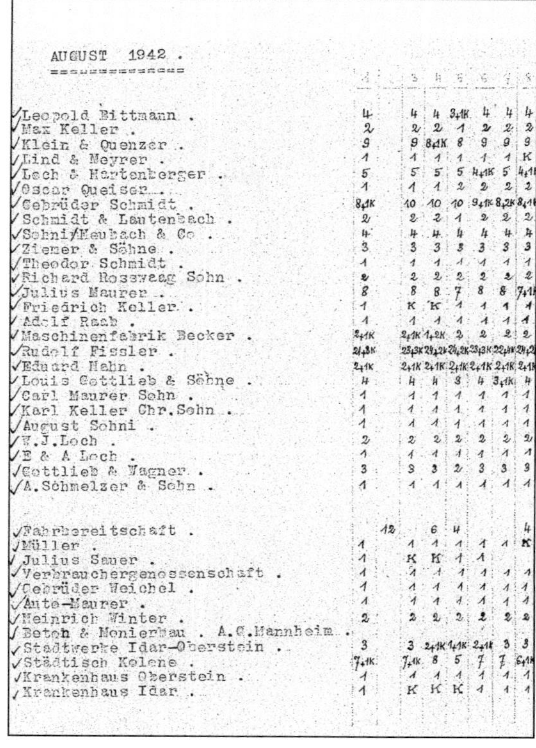

AUGUST 1942 .

	1		3	4	5	6	7	8
✓Leopold Bittmann .	4		4	4	3+1K	4	4	4
✓Max Keller .	2		2	2	1	2	2	2
✓Klein & Quenzer .	9		9	8+1K	8	9	9	9
✓Lind & Meyrer .	1		1	1	1	1	1	K
✓Loch & Hartenberger .	5		5	5	5	4+1K	5	4+1
✓Oscar Queiser .	1		1	1	2	2	2	2
✓Gebrüder Schmidt .	8+1K		10	10	10	9+1K	8+2K	8+1
✓Schmidt & Lautenbach .	2		2	2	1	2	2	2
✓Sohni/Neubach & Co .	4		4	4	4	4	4	4
✓Ziemer & Söhne .	3		3	3	3	3	3	3
✓Theodor Schmidt .	1		1	1	1	1	1	1
✓Richard Rossweag Sohn .	2		2	2	2	2	2	2
✓Julius Maurer .	8		8	8	7	8	8	7+1
✓Friedrich Keller .	1		K	K	1	1	1	1
✓Adolf Raab .	1		1	1	1	1	1	1
✓Maschinenfabrik Becker .	2+1K		2+1K	1+2K	2	2	2	2
✓Rudolf Fissler .	21+3K		23+3K	24+2K	24+2K	23+3K	22+4K	24+2
✓Eduard Hahn .	2+1K		2+1K	2+1K	2+1K	2+1K	2+1K	2+1
✓Louis Gottlieb & Söhne .	4		4	4	3	4	3+1K	4
✓Carl Maurer Sohn .	1		1	1	1	1	1	1
✓Karl Keller Chr.Sohn .	1		1	1	1	1	1	1
✓August Sohni .	1		1	1	1	1	1	1
✓W.J.Loch .	2		2	2	2	2	2	2
✓E & A Loch .	1		1	1	1	1	1	1
✓Gottlieb & Wagner .	3		3	3	2	3	3	3
✓A.Schmelzer & Sohn .	1		1	1	1	1	1	1
✓Fahrbereitschaft .		12	6	4				4
✓Müller .	1		1	1	1	1	1	K
✓Julius Sauer .	1		K	K	1	1		
✓Verbrauchergenossenschaft .	1		1	1	1	1	1	1
✓Gebrüder Weichel .	1		1	1	1	1	1	1
✓Auto-Maurer .	1		1	1	1	1	1	1
✓Heinrich Winter .	2		2	2	2	2	2	2
✓Beton & Monierbau . A.G.Mannheim .								
✓Stadtwerke Idar-Oberstein .	3		3	2+1K	1+1K	2+1K	3	3
✓Städtisch Kolene .	7+1K		7+1K	8	5	7	7	6+1
✓Krankenhaus Oberstein .	1		1	1	1	1	1	1
✓Krankenhaus Idar .	1		K	K	K	1	1	1

Die Deutsche Arbeitsfront
Gauwaltung Moselland
Kreiswaltung Birkenfeld-Baumholder.

Der Kreisobmann — Idar-Oberstein, den 22.3.1943

An alle Betriebsführer!

Betr.: Verhalten der Kriegsgefangenen.

Um eine Berührung der Kriegsgefangenen mit der Bevölkerung zu vermeiden, ist angeordnet, daß diese den Bürgersteig nicht benutzen dürfen, sondern auf der Fahrbahn, auf der vorschriftsmäßigen Seite (rechts bezw. links) zu gehen haben. Es besteht Veranlassung, Sie darum zu bitten, die die Kriegsgefangenen begleitenden Gefolgschaftsmitglieder eingehend darauf hinzuweisen und dafür zu sorgen, daß unter keinen Umständen dieser Anordnung widersprochen wird.

Aus diesem Anlaß ~~möchte ich~~ Sie bitten, das Verhalten der Kriegsgefangenen zur Gefolgschaft und umge~~kehrt stets zu überwachen~~. Eine Unterhaltung und Verkehr mit Kriegsgefangenen ist nur insoweit gestattet, als dies unbedingt zur Erledigung der betrieblichen Arbeiten notwendig ist.

Die Gefolgschaft ist laufend über diese Grundsätze aufzuklären. Bei geringfügigen Verstößen ist eine sofortige Belehrung notwendig. Ich muß die Betriebe für die unbedingte Beachtung dieser Vorschriften verantwortlich machen. Bei auftretenden Schwierigkeiten bitte ich um sofortige, ggfs. fernmündliche Benachrichtigung.

Verteiler:
Kreisleiter (1)
Kreisstabsamt (2)
Betriebsführer

Heil Hitler!
Der M.-Kreisobmann
Hillebrand
(Hillebrand)
Abschnittsleiter.

Dem Herrn Stadtbürgermeister Pg. Berger mit Bezug auf die gehabte tel. Rücksprache zur gefl. Kenntnis.

Hillebrand
(Hillebrand)
Abschnittsleiter.

Zwangsarbeiter, die in Kleinbetrieben tätig waren, wurden auf der Hohl im Russen- bzw. Franzosenlager untergebracht. Wer ein größeres Kontingent beschäftigte, musste die Arbeitskräfte selbst unterbringen und bewachen, was die Arbeitgeber aus Kostengründen zu umgehen versuchten. Eine Anordnung vom 22. März 1943 (links) belegt die Entrechtung der Kriegsgefangenen. 1951 ergab die alliierte Überprüfung der Zwangsarbeiterzahlen, dass beim Polizeiamt Idar-Oberstein 1.228 Karteikarten sowie eine alphabetische Aufstellung von 255 Fremdarbeitern „verschiedener europäischer Nationen“ vorhanden waren.

Achtung!

Deutsche! Vergeßt nicht!

Deutsches Blut ist im polnischen Krieg in Strömen geflossen.

Aber:

1. Aus dem siegreichen Blitzkrieg ist nichts geworden. Beweis: — Das englische Kriegskabinett beschloß seine Politik auf einer **Kriegsdauer von drei oder mehr Jahren** aufzubauen.
2. Die französische Armee überschritt am 6. September **die deutsche Grenze,** aber erst 4 Tage später gaben es die amtlichen deutschen Stellen zu. Im Westen stehen englische Truppen Schulter an Schulter mit ihren französischen Verbündeten.
3. Vor der englischen nnd französischen Kriegsflotte ist **die deutsche Handelsflagge** vom Weltmeer **verschwunden.** Infolgedessen habt Ihr eine ganze Reihe wesentlicher **Kriegsrohstoffe,** wie Benzin, Kupfer, Nickel, Baumwolle, Wolle und Fett fast nicht mehr. Auf Einfuhr aus neutralen Ländern könnt Ihr Euch diesmal nicht verlassen, weil Eure Regierung nicht dafür bezahlen kann.
4. Tagtäglich zeigt die englische Luftwaffe ihre Macht durch **Flüge weit ins deutsche Land** hinein.

Deutsche! Vergeßt nicht!

Weitergeben! 151

In und um Idar-Oberstein gab es nur wenige Flugzeugabschüsse. Ein Absturz ereignete sich in der Nacht zum 10. August 1943. Beim Anflug auf Mannheim wurde die Halifax des Engländers Jim Pestridge abgeschossen. Der Pilot landete mit dem Fallschirm in Nahbollenbach. Seine Maschine stürzte in der Vollmersbach in eine Wiese, wobei die drei weiteren Besatzungsmitglieder starben. Der Vorfall lockte etliche Schaulustige aus Idar an (oben). Bei ihren Einsätzen warfen alliierte Flugzeuge immer wieder Flugblätter ab (links), die die Bevölkerung über die verhängnisvolle Politik Hitlers aufklären sollten. Aus Angst vor Sanktionen verbargen die Menschen ihr Interesse an diesen Materialien.

Auch wenn das Attentat auf Hitler gescheitert war: An den gebetsmühlenartig beschworenen „Endsieg“ glaubten trotz der „Treuekundgebungen“ in Oberstein und Idar, über die das Nationalblatt am 21. Juli 1944 berichtete (rechts die Darstellung der Idarer Veranstaltung), immer weniger Menschen. Zu offenkundig waren die Mangelwirtschaft an der „Heimatfront“ und die sichtbar gewordene Skepsis des Militärs.

Die Treuekundgebung in Idar

In Idar waren auf dem Marktplatz die Politischen Leiter, Hitlerjugend und BDM bei den Einheiten der Wehrmacht aufmarschiert. Die allerunentwegtesten Volksgenossen waren auch noch herbeigekommen, um unter Blitzen und Donner und im strömenden Gewitterregen an der Treuekundgebung teilzunehmen.

In Anbetracht dieser fürchterlichen Witterungsumstände richtete Kreisleiter Herbert Wild nur kurze, aber in ihrer Herzlichkeit jeden ansprechende Worte an die Teilnehmer der Kundgebung.

Schon einmal, so erklärte er, hat das deutsche Volk vor einer solch grauenhaften Offenbarung gestanden, wie wir sie in diesen Tagen mit der Mitteilung von dem Mordanschlag auf unseren Führer erfahren mußten. Damals, vor nunmehr zehn Jahren, kaum ein Jahr nach der Machtübernahme durch den Führer, hatten sich aus den Reihen der Führerschaft der Bewegung Abtrünnige zusammengeschlossen, um den Führer in den Arm zu fallen und ihn an der Durchführung seiner großen Aufgabe zu hindern. Abscheu kommt uns an den Feiglingen und Mördern, damals wie heute. Ob sie Namen tragen von gutem Klang, schert uns nicht. Es muß vor allem eines festgestellt werden: So wie einstmals die Partei rein dastand, so steht heute die Wehrmacht rein da. Sie hat mit solchen Elementen nichts gemein.

Unsere Feinde wissen, daß wir alle treu um den Führer versammelt sind, daß er uns in jahrelanger Arbeit geeint und im Glauben an sein Werk und seine Aufgabe gefestigt hat. Darum treibt er es zu solchen Taten. Aber so wie unsere Wehrmacht an allen Fronten in ihrem Heldenkampf unüberwindlich ist, so ist unser Volk in seinem nationalsozialistischen Denken und Schaffen unüberwindlich. Der Feind mag anstellen was er will, so treu wie der Führer vor seinem Volk steht, so treu und entschlossen stehen wir hinter ihm, und wenn die Welt voll Teufel wär.

Nach dem Siegheil auf den Führer und dem Absingen der nationalen Lieder marschierten die Einheiten wieder ab.

Jetzt zeigte auch der Luftkrieg in Idar-Oberstein Wirkung. Da halfen keine Verweise auf angebliche „Wunderwaffen“. Die Front näherte sich rasch dem Hunsrück-Nahe-Raum. Zwei Jahre nach der Kriegswende bei Stalingrad war der Untergang des Dritten Reichs absehbar.

Kriminalpolizeistelle Koblenz
Außenposten Idar-Oberstein
Tgb.-Nr.: 50,51/45
Bitte in der Antwort obiges Geschäftszeichen u. Datum angeben

Idar-Oberstein, den 26. Januar 1945
Stadthaus
Fernsprecher Nr. 2092 u. 2891

KP-St. Koblenz
Eing. 5. MRZ. 1945
Abt. I/1

An die
Kriminalpolizeistelle
(22) in Koblenz.

Betrifft: Bombenabwurf feindlicher Jagdbomber auf das hiesige Stadtgebiet am 23.1.1945, 9,30 Uhr.

Am 23.1.1945, gegen 9,35 Uhr, haben feindl. Jagdbomber etwa 16 Bomben im Gewicht von 5 und 10 Zentnern, darunter einige Luftminen, auf das hiesige Stadtgebiet abgeworfen. Drei Personen wurden getötet. Ausserdem sind 10 Verletzte, darunter eine Person schwer verletzt, zu beklagen. Unter den Toten befindet sich ein Wehrmachtsangehöriger.

An Gebäudeschäden sind 5 Häuser total zerstört und etwa 50 Häuser tragen mittleren und leichteren Schaden.

[Unterschrift]

/Sch

Erbitterte Abwehrkämpfe in den Schwerpunkten im Osten

Die unerschütterliche Standhaftigkeit unserer Divisionen verhinderte den erstrebten Durchbruch des zahlenmäßig überlegenen Gegners

Aus dem Führerhauptquartier, den 2. Febr. 1945.

Das Oberkommando der Wehrmacht gibt bekannt:

In Ungarn setzte der Feind seine Gegenangriffe zwischen Plattensee und Donau mit Schwerpunkt nordöstlich Stuhlweißenburg fort. Sie wurden im wesentlichen abgewehrt, einige Einbrüche abgeriegelt oder durch Gegenangriffe deutscher und ungarischer Verbände beseitigt. Bei diesen Kämpfen hat der Obergefreite Karl Schuster in einem Panzer-Grenadier-Regiment als Richtschütze einer 7.5 cm. Pak innerhalb 15 Minuten von sieben durchgebrochenen sowjetischen Panzern 5 abgeschossen, ferner zwei Lastkraftwagen mit angehängten Geschützen vernichtet und die Masse der begleitenden feindlichen Infanterie zusammengeschossen. Den Rest von 21 Bolschewisten nahm er gefangen.

An der Front zwischen der Hohen Tatra und dem Oderknie bei Grünberg kam es nur zu örtlich begrenzten Kampfhandlungen südlich Klef, nördlich Ratibor, nordwestlich Brieg und im Raum beiderseits Steinau. 32 Panzer wurden dort vernichtet.

Die Besatzungen von Schneidemühl und Posen erwehrten sich heftiger, von starkem Artillerie- und Salvengeschützfeuer unterstützter Angriffe der Bolschewisten, dem sie sich durch feindliche Minenfelder Bahn geschaffen hatten, tief in den Belagerungsring ein und rollten im Nahkampf einen größeren Grabenabschnitt auf. Der Gegner erlitt beträchtliche Verluste.

In Mittelitalien warfen unsere Truppen im Gegenangriff nördlich Faenza die vorübergehend in unsere Stellungen eingedrungenen Briten wieder zurück.

In Kroatien wurde im Raum östlich Karlovac eine stärkere Bande durch deutsche Jagdkommandos überfallen und vernichtet, die Masse ihrer Waffen fiel in unsere Hand.

Nordamerikanische Bomber richteten am gestrigen Tage einen Terrorangriff gegen die Wohngebiete von Mannheim und Ludwigshafen. Weitere angloamerikanische Verbände warfen Bomben im rheinisch-westfälischen Raum sowie in Südostdeutschland, vor allem auf Graz. In der vergangenen Nacht waren die Städte Mannheim-Ludwigshafen und Mainz erneut das Ziel schwerer Terrorangriffe. Britische Kampfflugzeuge warfen in den Abendstunden und in der Nacht Bomben auf die Reichshauptstadt sowie auf Orte im westlichen Reichsgebiet.

London liegt weiter unter unserem Vergeltungsfeuer.

* * *

Nicht einmal im Nationalblatt konnten Anfang 1945 die massiven Luftangriffe der Alliierten, bei denen regelmäßig die obere Naheregion überflogen wurde, verschwiegen werden.

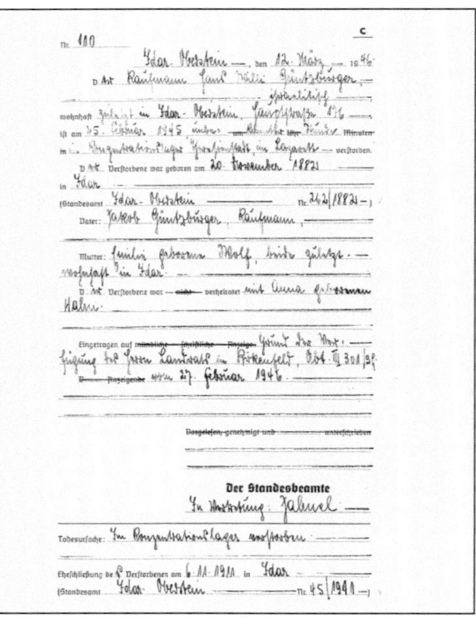

Nr. 110 C

Idar-Oberstein, den 12. März 1946

Der Kaufmann [illegible] Willi Güntzburger, [illegible]

wohnhaft [illegible] in Idar-Oberstein, [illegible]

ist am 25. Februar 1945 [illegible] Minuten

im Konzentrationslager Theresienstadt, im Lazarett verstorben.

Der Verstorbene war geboren am 20. November 1882

in Idar

(Standesamt Idar-Oberstein Nr. 262/1882)

Vater: Jakob Güntzburger, Kaufmann,

Mutter: [illegible] geborene Wolf, [illegible] wohnhaft in Idar

Der Verstorbene war verheiratet mit Anna geborene Hahn.

Eingetragen auf [illegible] Landrats in Birkenfeld, Abt. [illegible] vom 27. Februar 1946.

Vorgelesen, genehmigt und unterschrieben

Der Standesbeamte

In Vertretung: [illegible]

Todesursache: Im Konzentrationslager verstorben

Eheschließung des Verstorbenen am 6. 11. 1911 in Idar

(Standesamt Idar-Oberstein Nr. 45/1911)

Die im Reich verbliebenen Juden mussten ab 1941 einen „Gelben Stern" tragen, wurden systematisch deportiert und in Vernichtungslagern fabrikmäßig vergast. Mehr als 30 Idar-Obersteiner Juden fielen dem Holocaust zum Opfer. Am 14. Februar 1945 wurde der schwerkranke Willi Güntzburger (im Bild mit seinen beiden Söhnen) von einem Idar-Obersteiner NS-Arzt als transportfähig eingestuft und ins KZ Theresienstadt gebracht, wo er elf Tage später starb. Amtlich bestätigt wurde sein Tod erst ein Jahr später (rechts).

Schanzarbeiten am Eisenbahnviadukt Altenberg sollten im März 1945 die US-Soldaten am Vormarsch hindern. Die vom NS-Funktionär Robinson angeordnete Aktion löste bei vielen Bürgern nur ungläubiges Kopfschütteln aus. Nicht einmal Nazi-Landrat Wild schien an den Nutzen von Robinsons Verzweiflungsakt zu glauben und versuchte lieber, sich abzusetzen.

Nach etwas mehr als zwölf Jahren endete das „tausendjährige Reich" in Idar-Oberstein militärisch, wirtschaftlich und menschlich im Chaos. Die, die durch ihren maßlosen Nationalismus und einen beispiellosen Antisemitismus den Tod von 60 Millionen Menschen herbeiführten, hatten auch über Idar-Oberstein beispielloses Leid gebracht.

Viele weitere interessante

BÜCHER AUS IHRER REGION

finden Sie unter:

www.suttonverlag.de

SUTTON VERLAG

Wir machen Geschichte

Die Heimat entdecken!

Von Kiel bis Wien,
von Aachen bis Görlitz:
Entdecken Sie Alltagsgeschichten
aus Ihrer Heimatstadt!

Leben in der Großstadt …

Tauchen Sie ein in das quirlige Großstadtleben vergangener Tage. Spazieren Sie über breite Boulevards und stürzen Sie sich ins Nachtleben. Erkunden Sie ihre Stadt durch die Fensterscheiben einer Straßenbahn oder des ersten Käfers und bewundern Sie prächtig geschmückte Schaufenster.

… und ländliche Idylle

Wie sah das Leben in Ihrer Heimat aus, als die Bauern noch mit Pferden pflügten und jedes Dorf seinen eigenen Schmied hatte, jeder noch jeden kannte und das Leben sich zwischen Kirche, Wirtshaus und Wohnküche abspielte?

Erinnerungen an die Schulzeit …

Erinnern Sie sich noch an die Zeiten von Abakus und Schiefertafel, an Klassenausflüge oder den ersten Taschenrechner? Blicken Sie zurück auf große Klassen und gestrenge Schulmeister, entdecken Sie auf Klassenfotos Freunde und Bekannte von früher!

… und das Arbeitsleben

Entdecken Sie, wie sich das Arbeitsleben in den letzten hundert Jahren verändert hat. Werfen Sie einen Blick in Fabrikhallen, blicken Sie Handwerksmeistern bei ihrer Arbeit über die Schulter und erinnern Sie sich an den Einkauf im Tante-Emma-Laden.

Gesellige Stunden im Verein …

Fußballclub und Schützenverein, Musikkapelle und Gesellenverein: Schauen Sie zurück auf Volksfeste und Turniere, Chorproben oder Prunksitzungen. Erinnern Sie sich an schöne Stunden und das gesellschaftliche Leben in Ihrer Heimat.